DER KLEINE
REISEFÜHRER,
DER DICH
MITNIMMT
AUF EINE
WELTREISE
QUER DURCH
DIE SCHWEIZ

Karin Rey | Maja Haus

Why go far away
when everything is

CLOSEBY

Die Welt vor deiner Tür

Ein Wanderführer im Rotpunktverlag.

Wo warst du zuletzt in den Ferien? Kannst du dich noch erinnern, was den Ausschlag gegeben hat, um genau dorthin zu reisen?

Dieses Buch ist für Leute,
... die ihre Reisegewohnheiten überprüfen wollen.
... die ihren Beitrag zu einer nachhaltigeren Zukunft leisten möchten.
... die Freude an schönen Fotos haben.
... die Neues erleben wollen.
... die sich auf Abenteuer freuen.
... die sich gerne bewegen, auch wenn sie seit der letzten Schulreise auf keiner Wanderung mehr waren.

Wir möchten dich an Orte bringen, die dir die Welt öffnen und dir zeigen, wie unvergesslich, einzigartig und intensiv Reisen in der Schweiz sein kann.

Die Wanderungen sind für Einsteiger:innen gut machbar. Die Route kannst du dir direkt auf dein Handy laden oder richtig klassisch ausdrucken.

Jede Wanderung bringt dich zu einem Highlight, sei es ein besonders schöner Aussichtspunkt, eine Hängebrücke oder ein Wasserfall.

Das Buch soll nicht nur dich inspirieren, sondern auch andere motivieren, ihre Umgebung zu entdecken. Nutze also die Postkarten, um – ganz analog – deinen Freund:innen von deinen Wandererlebnissen zu berichten, und werde so zum Leuchtturm für nachhaltiges Reisen.

Maja und ich, Karin, sind ein ganzes Jahr mit diesen Wanderungen durch die Welt gereist. Wir haben nicht nur die Schweiz, sondern auch unsere Freundschaft – Maja und ich kennen uns seit Kindertagen – nochmals ganz neu entdeckt.

Schön, dass du mit dabei bist.
Lass uns auf Entdeckungsreisen gehen!

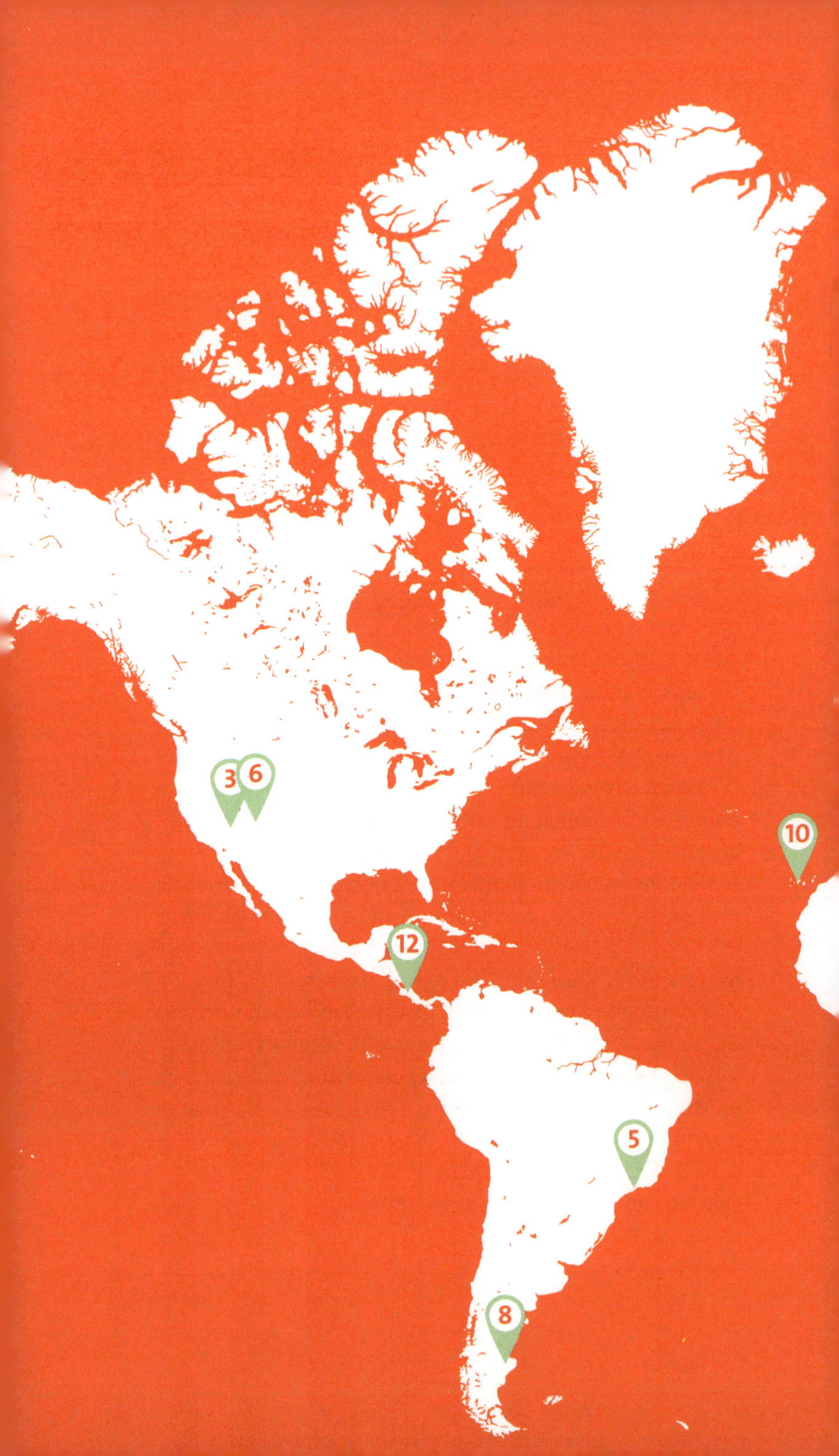
3
6
10
12
5
8

Diese Ziele erreichst du vom heimischen Sofa aus in ca. 3 Stunden

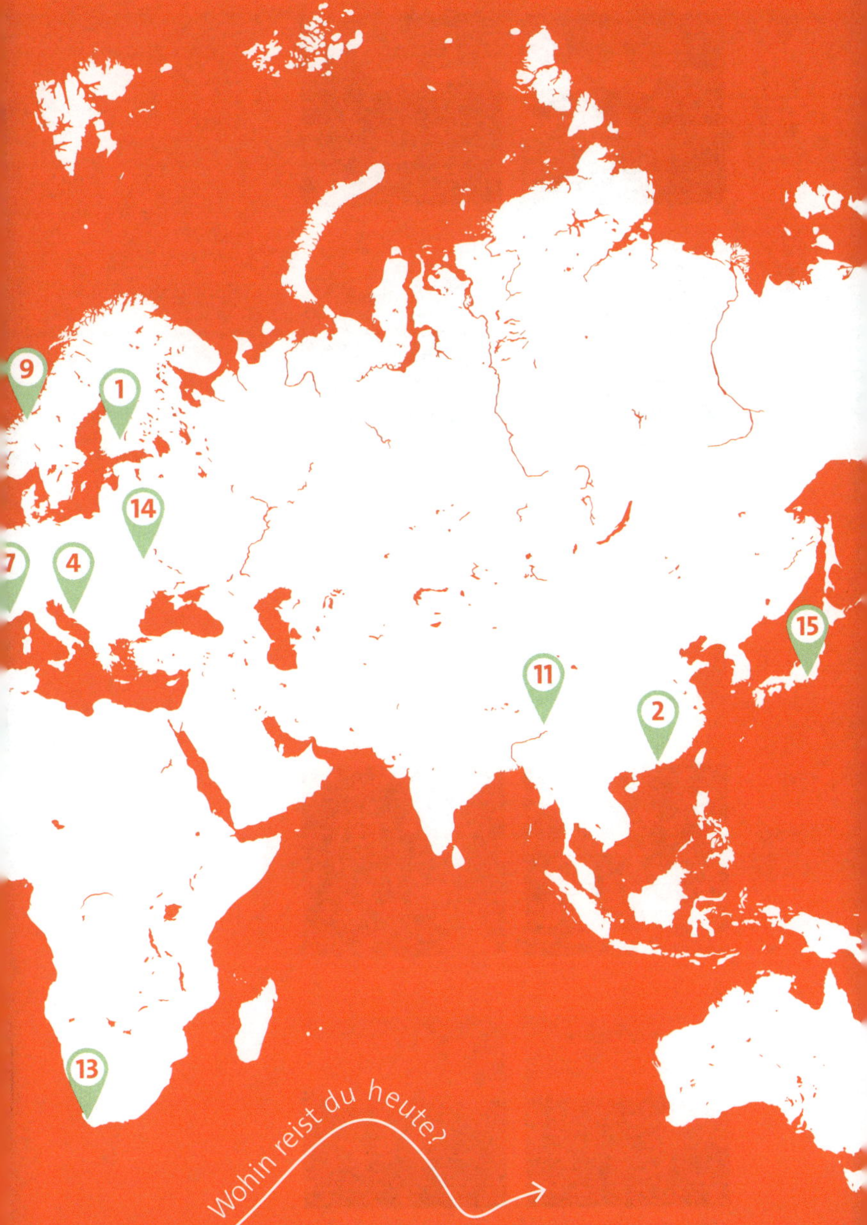

1 S. 12

Torronsuo — **Étang de la Gruère**

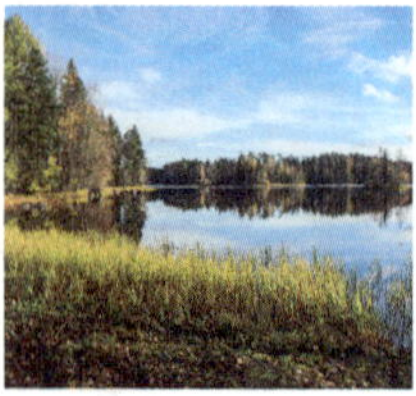

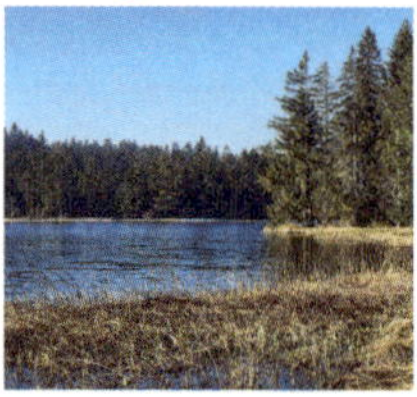

Wanderzeit
3 h 30 min

Strecke
13,5 km

Anforderung

2 S. 20

Shenzhen — **Rheinhafen**

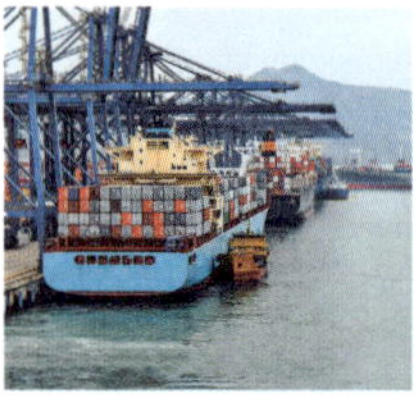

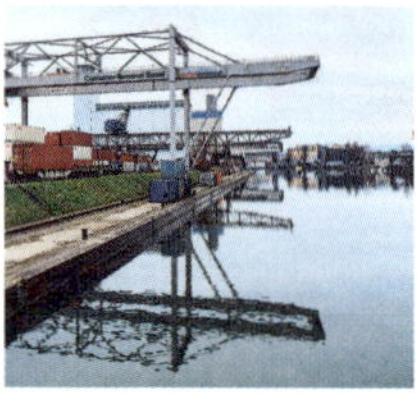

Wanderzeit
4 h 15 min

Strecke
16,4 km

Anforderung

3 S. 28

Grand Canyon — **Creux du Van**

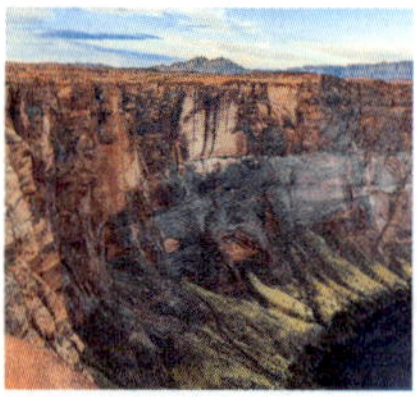

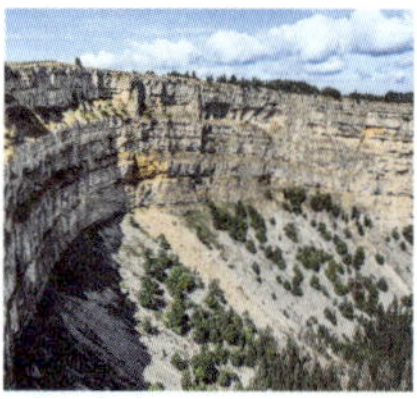

Wanderzeit
4 h 15 min

Strecke
11,8 km

Anforderung

4 S. 36

Krka-Nationalpark — **Simmenfälle**

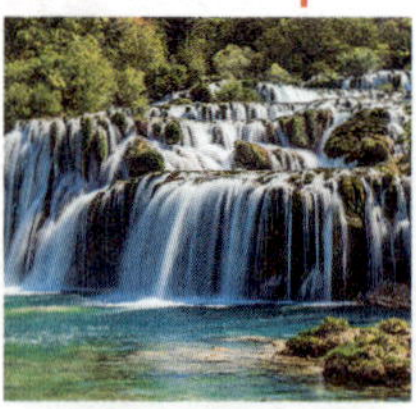

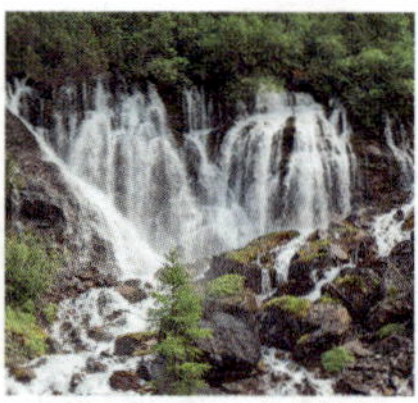

Wanderzeit
1 h 45 min

Strecke
5,4 km

Anforderung

5 S. 44

Zuckerhut — **San Salvatore**

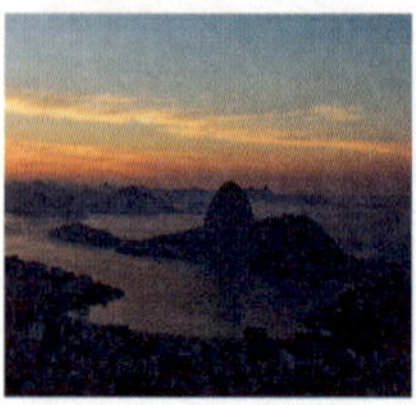

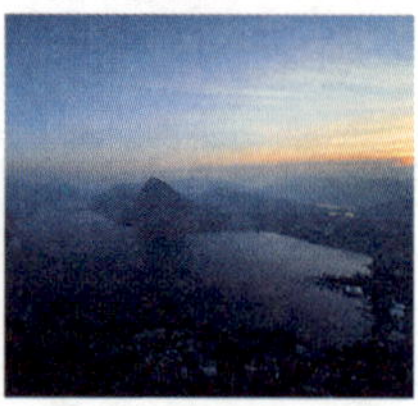

Wanderzeit
4 h

Strecke
11 km

Anforderung

Horseshoe Bend – Ruinaulta

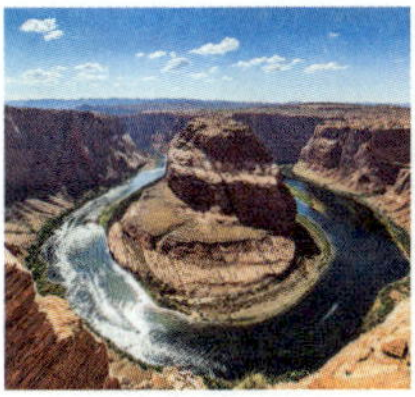
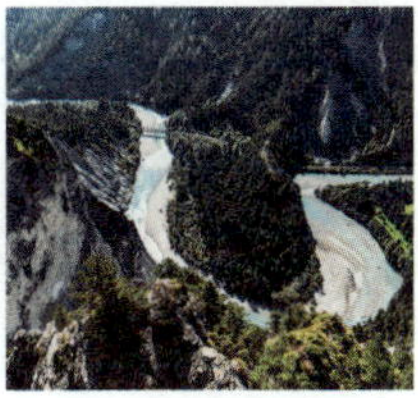

Wanderzeit
3 h

Strecke
9 km

Anforderung

6

S. 52

Provence – Wiedlisbach

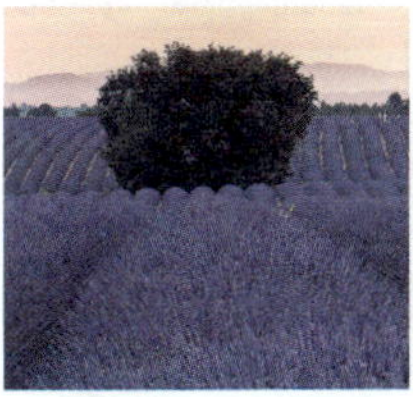
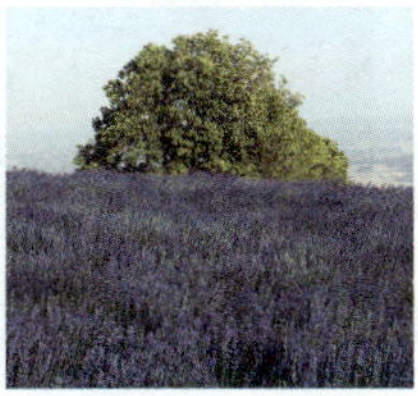

Wanderzeit
2 h 45 min

Strecke
8,7 km

Anforderung

7

S. 60

Fitz Roy – Morteratsch

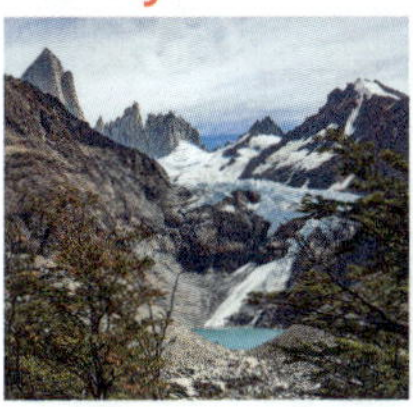
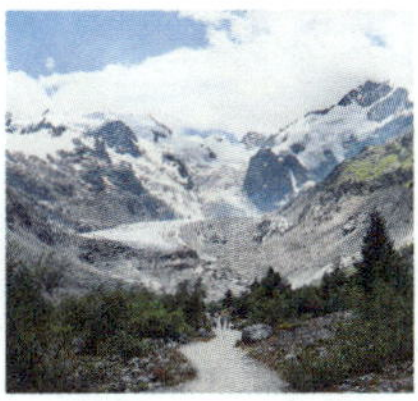

Wanderzeit
3 h 15 min

Strecke
12,2 km

Anforderung

8

S. 68

Fjordküste – Seealpsee

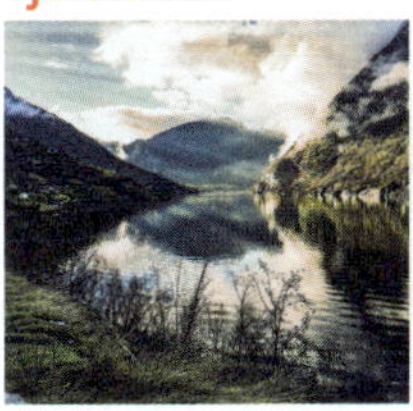
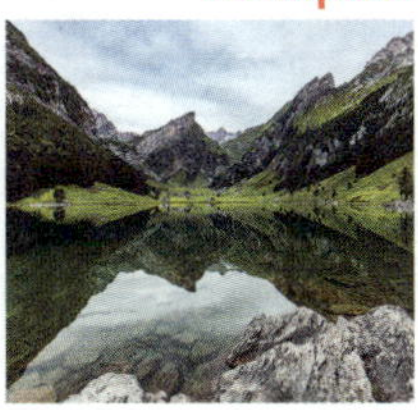

Wanderzeit
2 h 30 min

Strecke
7,8 km

Anforderung

9

S. 76

Levadas – Suonen

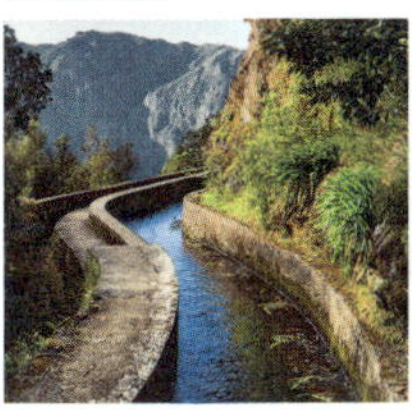
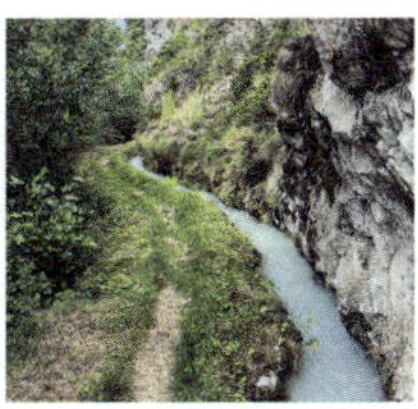

Wanderzeit
4 h 45 min

Strecke
14,3 km

Anforderung

10

S. 84

11 Punakha-Brücke – Bhutanbrücke

S. 92

Punakha-Brücke

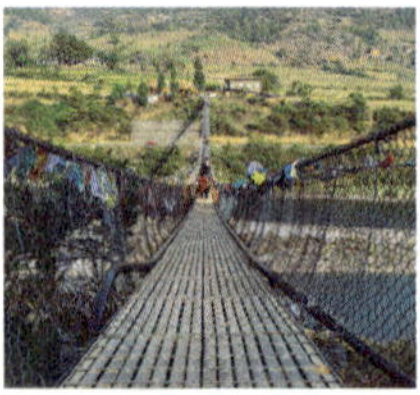

Bhutanbrücke

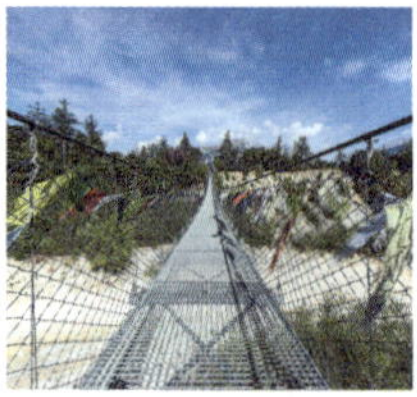

Wanderzeit
2 h

Strecke
6,7 km

Anforderung

12 La Fortuna – Berglistüber

S. 100

La Fortuna

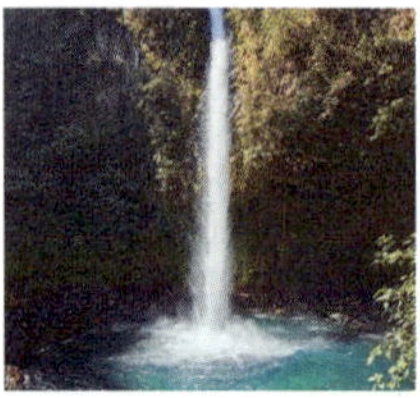

Berglistüber

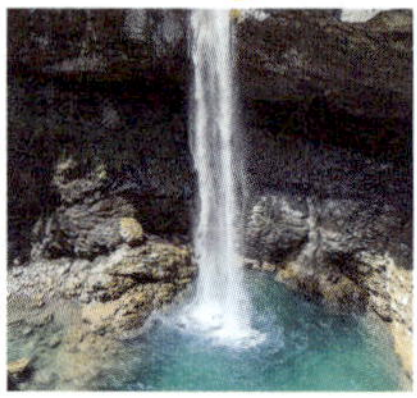

Wanderzeit
2 h

Strecke
7 km

Anforderung

13 Westkap – Lavaux

S. 108

Westkap

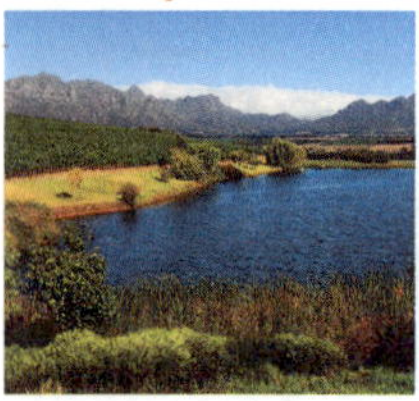

Lavaux

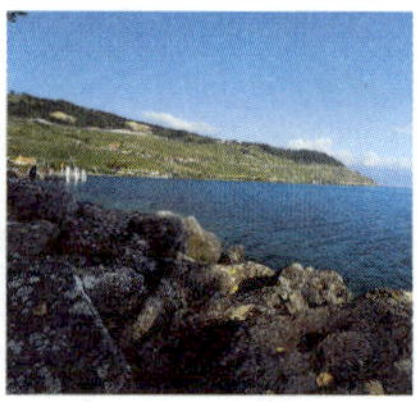

Wanderzeit
2 h 45 min

Strecke
10,5 km

Anforderung

14 Riwne – Schlossallee

S. 116

Riwne

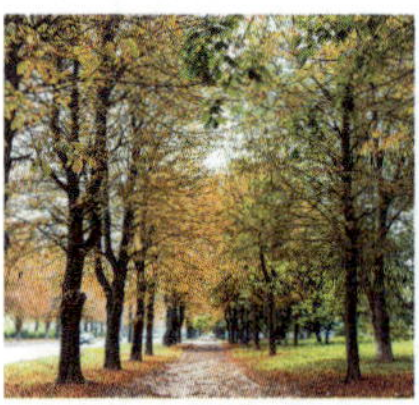

Schlossallee

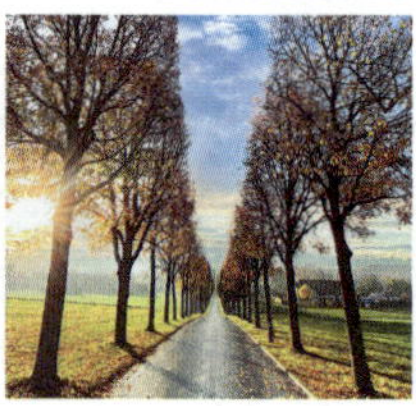

Wanderzeit
2 h

Strecke
8,1 km

Anforderung

15 Mount Fuji – Niesen

S. 124

Mount Fuji

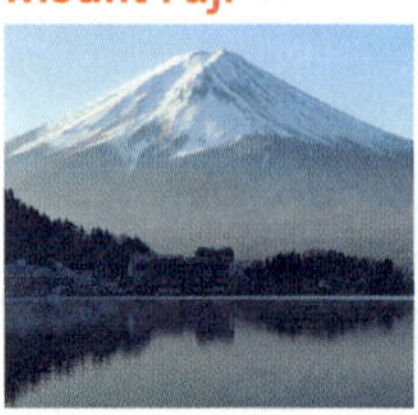

Niesen

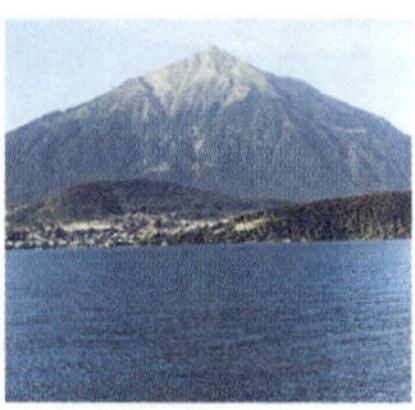

Wanderzeit
3 h

Strecke
7,3 km

Anforderung

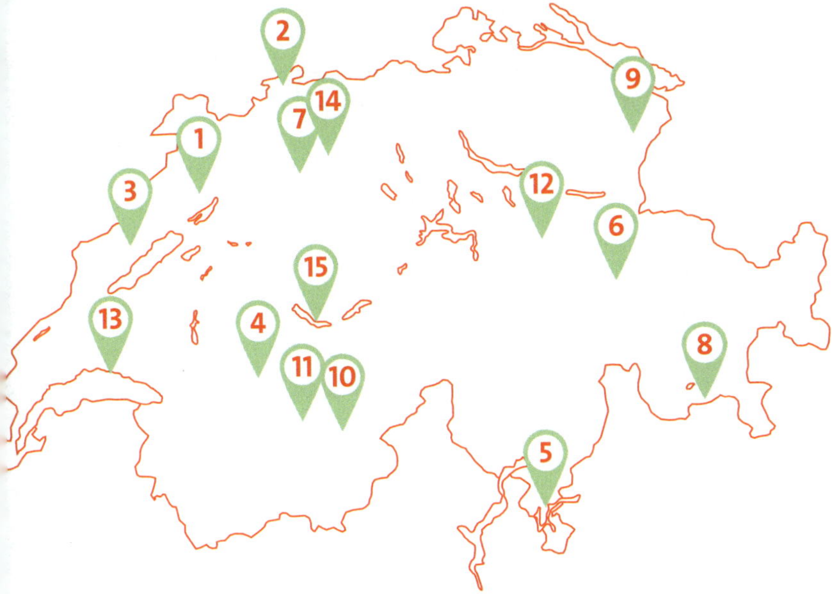

Wanderroute: Auf unserer Website www.closeby.ch findest du alle Wanderrouten zum Download.
Du kannst diese ganz einfach in einer Kartenapp (z. B. SchweizMobil oder swisstopo) öffnen und so ohne die Orientierung zu verlieren zu deinem Closeby-Ziel gelangen.
Die QR-Codes bei jeder Wanderung führen dich direkt zu den GPS-Daten.

Torronsuo-Nationalpark

Finnland

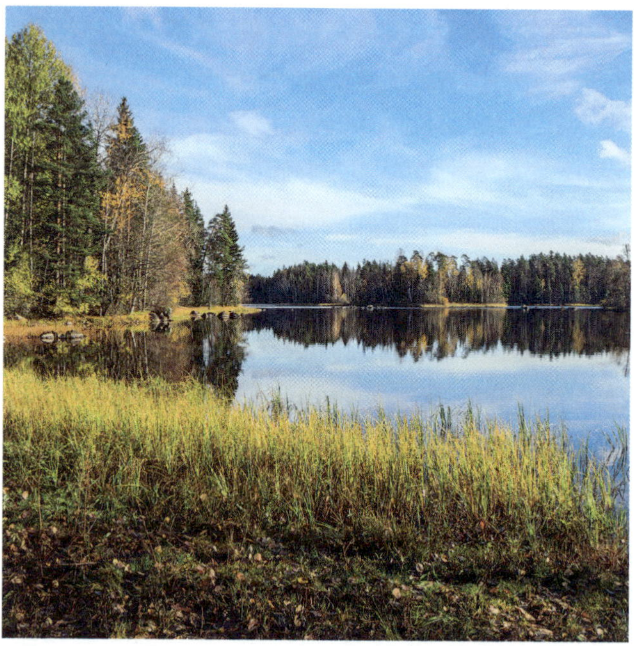

1

Étang de la Gruère

Kantone Jura und Bern

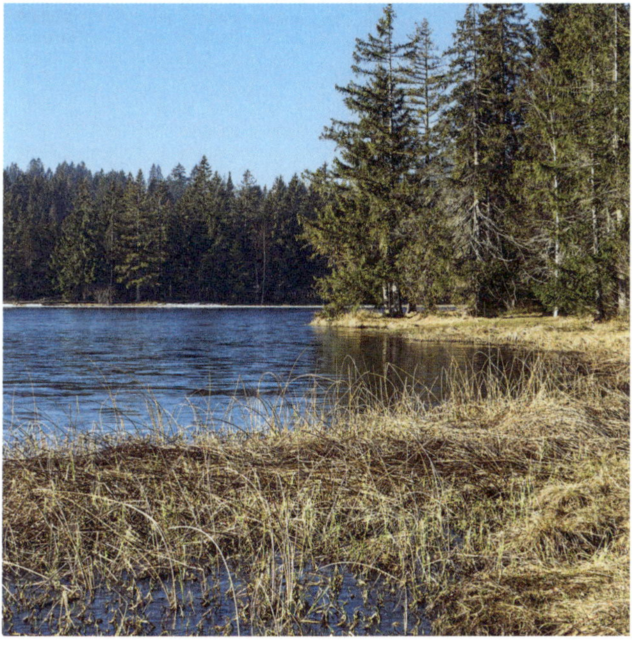

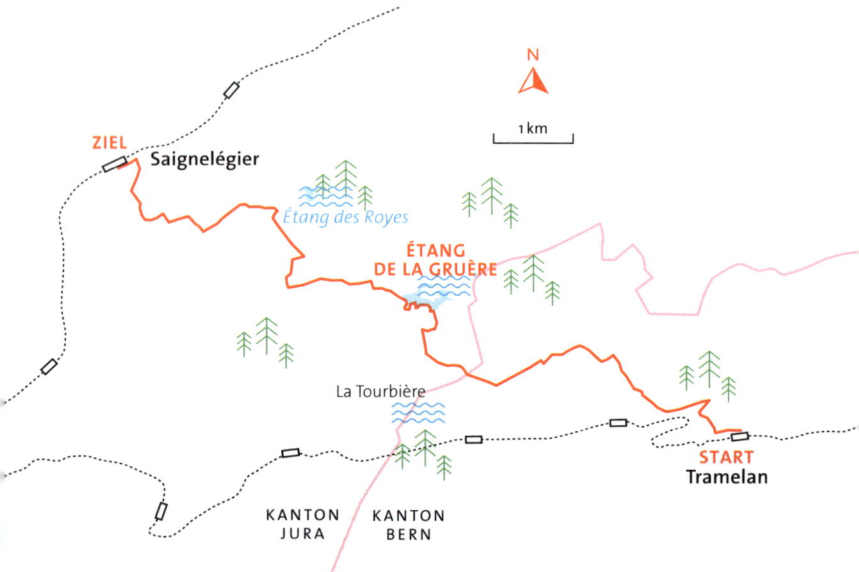

Charakter der Wanderung

- leichte Wanderung
- Wanderzeit 3 h 30 min
- Strecke 13,5 km
- 360 m hoch
- 270 m runter
- Trekkingschuhe

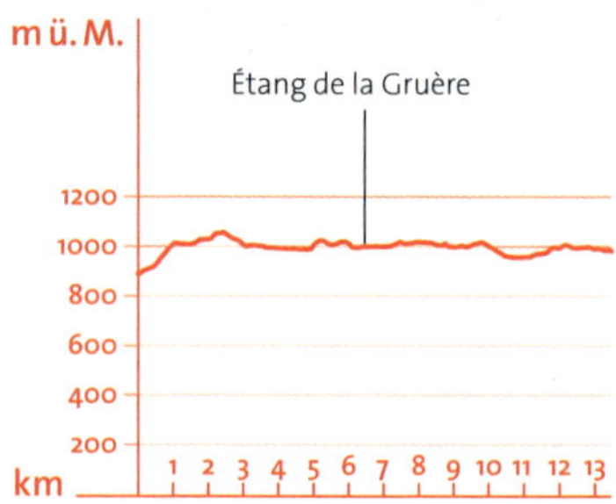

Ich ziehe meine rote Winterjacke aus.

»Wirst du sicher bereuen«, meint Maja.

»Leicht unterkühlt starten, hat unser Primarlehrer doch immer gesagt.«

Ich stopfe die Jacke zuoberst in meinen Wanderrucksack.

Wir haben beide gutes Schuhwerk und Stirnbänder angezogen. Wie typische Touristinnen sehen wir aus.

»Hey, ich freue mich«, sagt Maja und stellt sich vor den ersten Wegweiser beim Bahnhof Tramelan. Sie gleicht die Informationen auf den gelben Tafeln mit denen aus ihrer App ab. Dann geht sie los. Ich trotte hinterher.

Eigentlich wollten wir in die Ferne. Das haben wir uns irgendwann angewöhnt: zusammen in die Ferne reisen. Eine Gewohnheit, die wir unserem ökologischen Fußabdruck zuliebe gar nicht mehr haben wollten, die aber einfach da war.

Letztes Jahr fingen wir wie gewohnt an, uns Fotos von interessanten Ferienzielen zu schicken, die irgendwo weit weg lagen. Irgendwann schickte ich Maja ein Seefoto aus einem finnischen Nationalpark. Maja schrieb: »Sieht eigentlich aus wie in der Schweiz.« Das war der Auslöser.

»Why go far away when everything is closeby«, war unser neues Motto.

Darum sind wir jetzt unterwegs zum Étang de la Gruère.

Den Tipp hat mir eine Freundin aus dem Jura gegeben. »Ici, on dirait qu'on est dans un pays au nord!«

Und während wir planten und unsere Idee ausbauten – »Warum nicht einfach mal hierbleiben?« –, kamen uns immer neue Orte in den Sinn:

Niesen? Sieht doch aus wie der Mount Fuji!

Die Wasserfälle im Lauterbrunnental? Könnten auch die Angels Falls in Venezuela sein.

Vom Bahnhof Tramelan laufen wir geradeaus zur Hauptstraße des Ortes hoch, wo der Weg links weiterführt.

Bald lassen wir die letzten Häuser hinter uns und tauchen in den Wald ein, der schon ein bisschen nach Frühling riecht.

In unseren Agenden haben wir bereits weitere Termine für Wanderungen reserviert, auch wenn wir noch nicht wissen, wohin es gehen wird. Diese Wanderungen werden unsere Reisen in die Ferne sein.

Als der Wald aufhört, kommen wir in eine karge Landschaft. Sträucher strecken ihre Blätter scheu aus, und Bäume stehen so vereinzelt rum, als wüssten sie selbst nicht, wie sie hierhergelangt sind. Trotzdem ist klar, wo der Weg entlangführt, und dank der vielen gelben Schilder wissen wir auch immer, wo wir uns befinden – unsere Befürchtung, dass wir uns im Jura verirren und nie mehr wieder nach Hause zurückfinden würden, war also komplett unbegründet.

Die Landschaft um uns herum ist hügelig, die Sonne versteckt sich hinter tief hängenden Wolken. Wir sind die

Reisetipp: Das Wanderwegnetz in der Schweiz ist gut ausgeschildert. Die Wanderungen in diesem Buch sind auf der Wanderskala bei T1 und T2 einzuordnen. Das bedeutet, dass die Wege immer durchgehend sichtbar sind. Absturzgefahr besteht bei den ausgewählten Wanderrouten nicht. T1-Wanderungen sind mit gelben Rauten markiert und verfügen über feste und oftmals breite Wege. Hier sind Trekkingschuhe ideal. T2-Wanderungen sind weiß-rot-weiß markiert. Auch hier ist der Weg durchgehend sichtbar. Absturzgefahr ist allerdings nicht ausgeschlossen, weshalb eine grundlegende Trittsicherheit erforderlich ist und Wanderschuhe zu empfehlen sind.

einzigen Wanderinnen; nur einmal kreuzen zwei Forstarbeitende unseren Weg.

»Mystisch, die Welt hier«, sage ich.

Maja pflichtet mir bei. »Aber irgendwie passend, bei strahlendem Sonnenschein sähe es sicher nicht so verwunschen aus. Fehlen nur noch Pferde – irgendwie denke ich beim Jura immer an Pferde.«

Der Weg führt uns sanft weiter nach oben, und wie aus dem Nichts taucht plötzlich der See auf. Über der Wasseroberfläche liegen Nebelschwaden. Zwei Enten setzen gerade zum Landeanflug an.

»Willkommen in Finnland«, flüstert Maja, um diese herrliche Ruhe nicht zu stören.

Wir picknicken am See. Danach laufen wir auf den breiten Holzstegen dem Ufer entlang weiter. Pferde haben wir immer noch keine gesehen, aber Maja findet andere Freunde.

»Kois!«, ruft sie, als wir eine kleine Brücke überqueren. Ich schaue ins Wasser, wohin sie zeigt. Tatsächlich schwimmen dort riesige Fische ohne jegliche Hektik durchs Dunkle.

Der Weg nach Saignelégier liegt schnell hinter uns. Dort angekommen, gönnen wir uns ein Bier aus einer lokalen Brauerei.

Zufrieden stoßen wir auf unsere erste gemeinsame Weltreise an.

Rucksack schon gepackt?

IN DEN JURA ANSTATT IN DEN HOHEN NORDEN

Torronsuo-Nationalpark Finnland

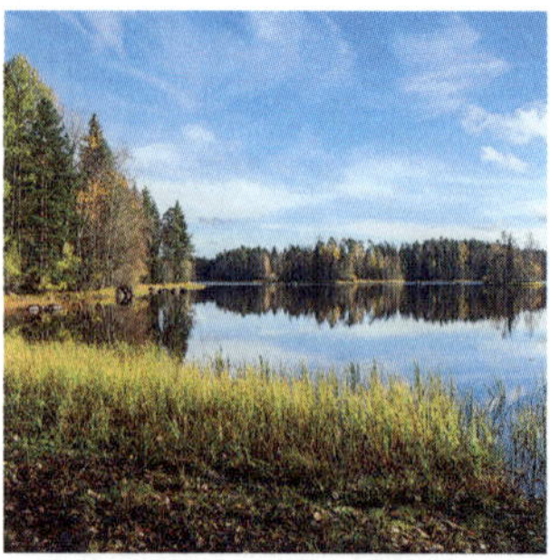

Zeit **Flug: 4 h 30 min**

Distanz **1780 km**

CO_2 **500 kg**

1

Wusstest du, dass man mit dem Austauschen eines Heizölboilers durch einen Solarstromboiler jedes Jahr 500 Kilogramm CO_2 einsparen kann? Indem du die Ferne ganz in der Nähe entdeckt hast, anstatt nach Finnland zu fliegen, konntest du den Ausstoß von 498,6 Kilogramm CO_2 – also fast so viel – einsparen.

Étang de la Gruère Kantone Jura und Bern

Zug: 2 h 48 min	Zeit
140 km	Distanz
1,4 kg	CO_2

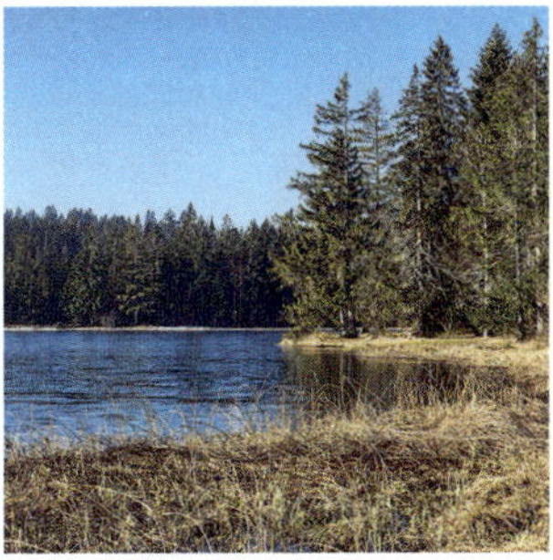

Shenzhen

China

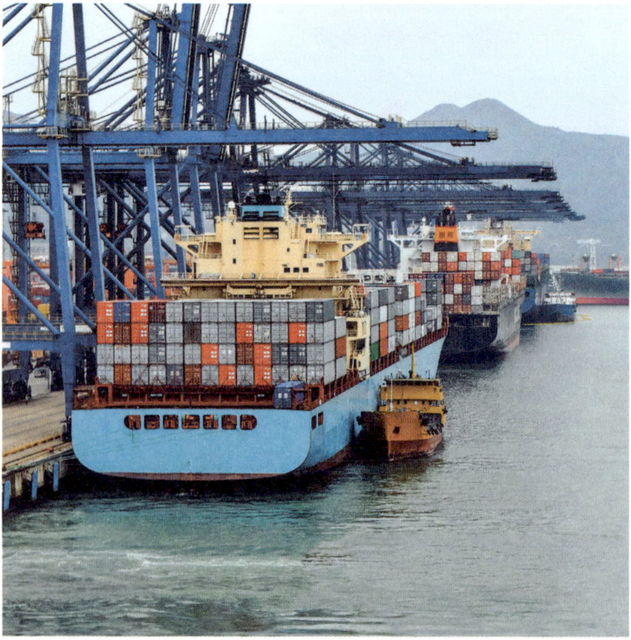

2

Rheinhafen

Kanton Basel-Stadt

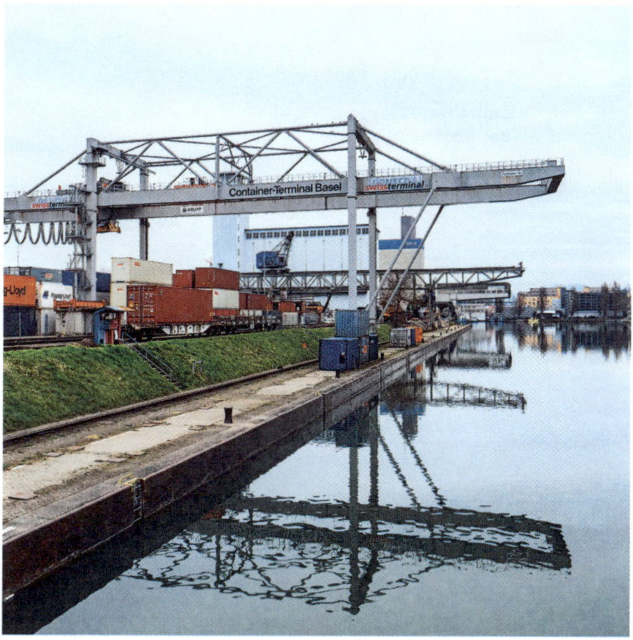

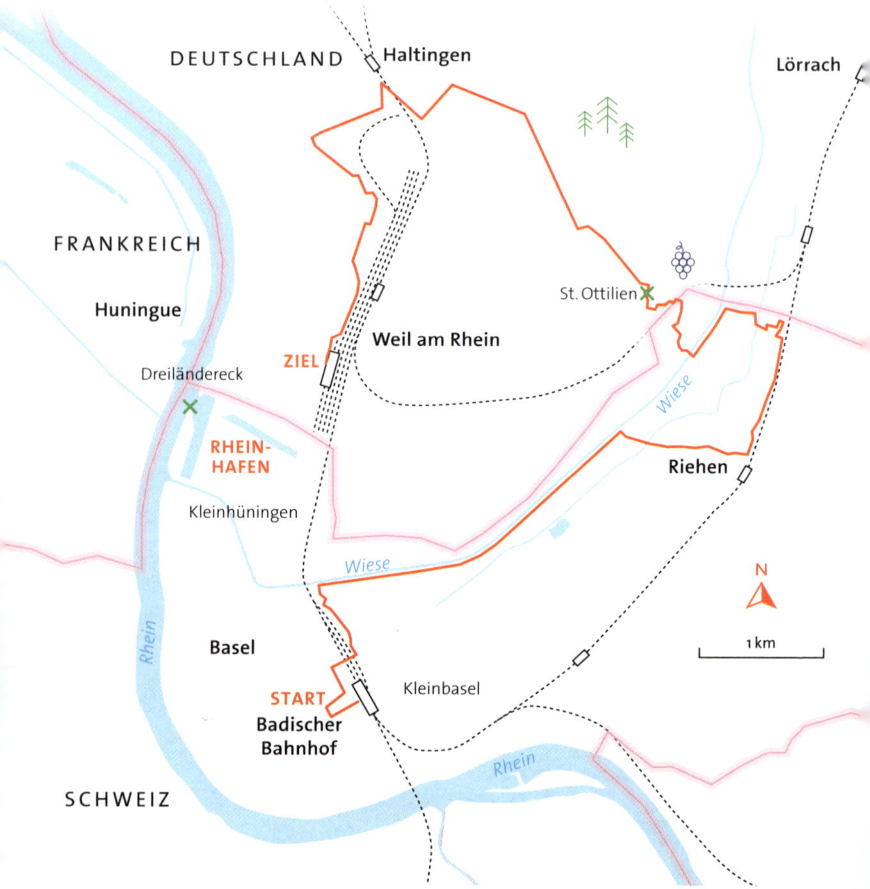

Charakter der Wanderung

leichte Wanderung

Wanderzeit 4 h 15 min

Strecke 16,4 km

275 m hoch

280 m runter

Trekkingschuhe

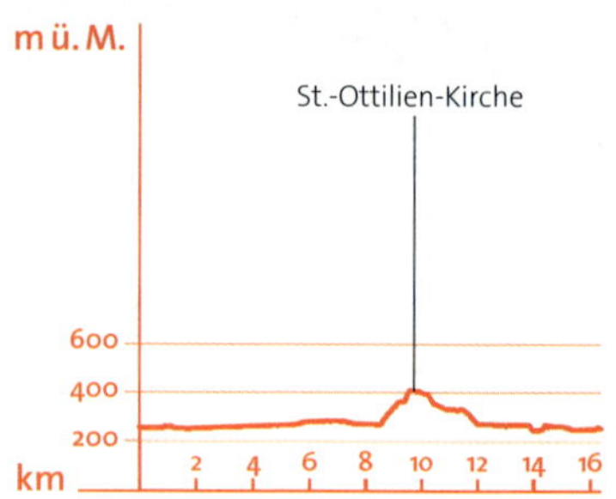

Es ist ein nebliger Tag. Die Witterung ist unbeständig. Beste Voraussetzungen, um in Stadtnähe zu wandern. So können wir uns in einem Café schnell wieder aufwärmen.

Maja und ich fahren im dichten aargauischen Nebel los und steigen am Badischen Bahnhof Basel bei bereits deutlich lichterem Nebel aus.

Maja kramt etwas aus ihrem Rucksack und hält es mir triumphierend unter die Nase.

»Du brauchst doch keinen Pass«, sage ich, »eine ID hätte gereicht.«

»Das ist aber der neue Pass, ganz neues Design!«

»Damit wandern wir auch nicht schneller.«

Maja schlägt das Büchlein auf und erklärt, was es mit dem neuen Design auf sich hat: Auf der Doppelseite sind alle Kantone aufgelistet, aber nicht alphabetisch sortiert, sondern nach der höchsten Erhebung innerhalb des Kantons. Der Kanton Wallis steht zuoberst, als letzter der Kanton Genf und knapp davor mit nur fünf Höhenmetern Unterschied Basel-Stadt, unser heutiges Ziel.

»Da lernt man ja richtig was, mit diesem neuen Pass«, sage ich und grinse.

»Spass mit Pass, wir könnten einen Podcast machen!«

»Bitte nicht.«

»Deine ID hast du aber dabei, oder? Wir überqueren heute mehrmals die deutsch-schweizerische Grenze.«

Ich habe meine ID dabei. Wir laufen los.

Auf dem Platz vor dem Badischen Bahnhof biegen wir rechts ab, wo der Weg unter den Gleisen hindurchführt. Nach wenigen Gehminuten kommen wir beim Fluss an, der Wiese heißt.

Tatsächlich ist die Wiese umgeben von Wiesen und Bäumen, die bereits ihre ersten grünen Blätter ins fahle Licht strecken. Ein schmaler Weg führt am Fluss entlang. Viele kleinere Stufen im Flussbett sorgen für ein schönes Rauschen.

Wir folgen dem Flusslauf bis zur Gemeinde Riehen. Hier queren wir die Wiese und gelangen zu den Rebbergen.

»Sind wir noch in der Schweiz?«, frage ich, als Maja den Weg auf der Karte sucht.

»Ja, die Grenze liegt irgendwo zwischen hier und der St.-Ottilien-Kirche, bei der wir Mittagspause machen.«

Die Route durch die Weinberge ist dann doch überraschend steil, aber sehr idyllisch. Wir gewinnen schnell an Höhe. Und irgendwann ist sie da, die deutsch-schweizerische Grenze.

Maja stöhnt auf.

Die Grenze besteht aus einem Schild und einer verrosteten Schranke.

»Will wohl niemand deinen Pass sehen«, rufe ich Maja von der deutschen Seite auf die Schweizer Seite zu.

Wenig später taucht die St.-Ottilien-Kirche über uns auf.

Der Ausblick von oben ist beeindruckend. Unter uns breitet sich die Stadt Basel aus. Die markanten Hochhäuser ragen aus dem Häusermeer, der Rhein blitzt an verschiedenen Stellen auf.

Reisetipp: Wandern? Ja! Aber welche Schuhe soll ich anziehen? Diese Frage beschäftigt viele Wandereinsteiger:innen zu Recht. Zum einen ist es anstrengend mit hart besohlten Wanderschuhen lange auf Asphalt zu gehen – wie bei dieser Hafenwanderung. Zum anderen knicken schwache Fußgelenke in Trekkingschuhen leicht um. Wir empfehlen, erst einmal unsere Schuhtipps zu befolgen und nach jeder Wanderung auszuwerten, ob das nun für dich auch gepasst hat oder nicht.

Nach unserem Mittagessen treten wir den Abstieg nach Weil am Rhein an und marschieren später durch den Dreiländergarten.

Dieser Streckenabschnitt ist eher monoton, da er oft an Straßen entlangführt. Gleichzeitig muss ich immer nachschauen, ob wir die richtige Straße erwischt haben.

Zurück in der Schweiz laufen wir durch ein ausgedehntes Industriegebiet.

»Ziemlich grau«, sage ich.

»Die Kehrseite unseres Konsums«, sagt Maja.

Bald darauf erreichen wir unser Ziel, den Rheinhafen Port of Switzerland. Eine kleine Bank lädt zum Verweilen ein. Unsere Blicke schweifen über die riesigen Kräne, die aufgetürmten Container. Es ist Samstag, nichts bewegt sich. Die Schiffe werden am Dienstag und Freitag von 5 bis 21 Uhr beladen – sofern welche da sind.

»Hier kommt die Welt zu uns«, sagt Maja, und wir erzählen uns bis zum Sonnenuntergang Geschichten über die Reisen dieser Container.

Jetzt bist du dran!

STADT, LAND, FLUSS, HAFEN – ALLES IN EINER TOUR

Shenzhen China

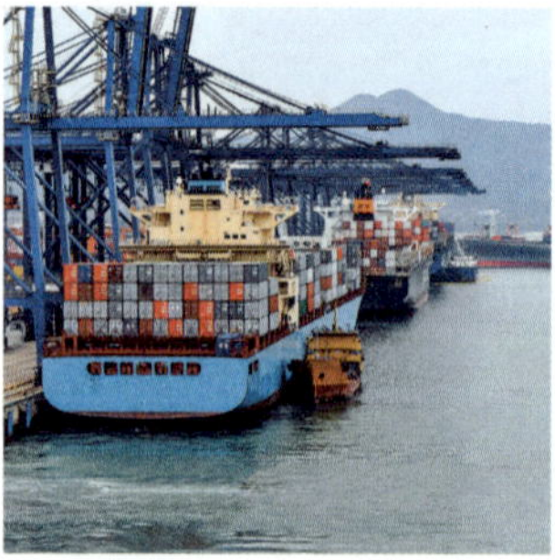

Zeit	**Flug: 19 h**
Distanz	**9300 km**
CO_2	**2500 kg**

2

Konsum verursacht CO_2. Weil du heute ganz in der Nähe geblieben bist, hast du 1566,5 Kilogramm CO_2 eingespart, das entspricht 56 Prozent des CO_2, das bei der Produktion eines neuen Flachbildfernsehers ausgestossen wird.

Rheinhafen Kanton Basel-Stadt

Zug: 0 h 54 min Zeit

75 km Distanz

4,5 kg CO_2

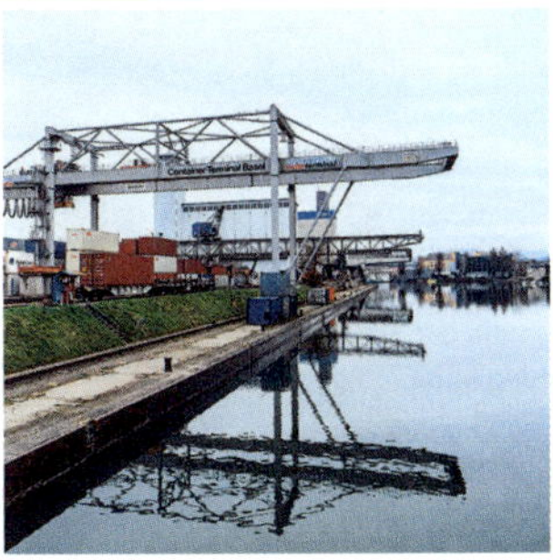

Grand Canyon

USA

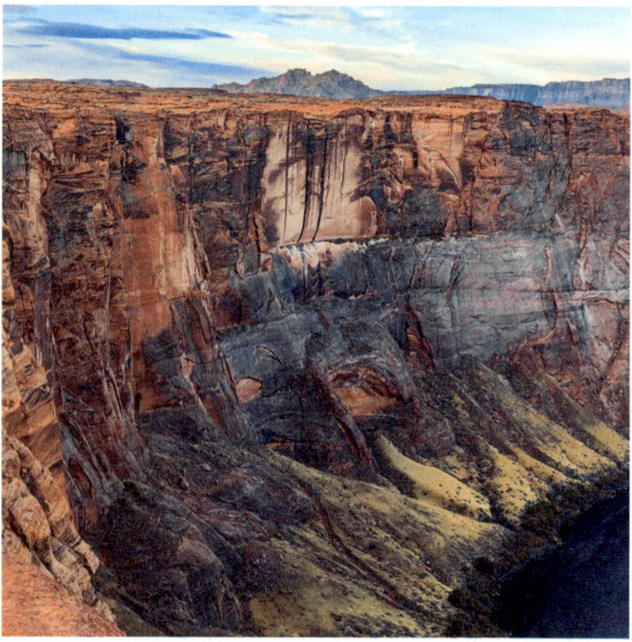

3

Creux du Van

Kantone Neuenburg und Waadt

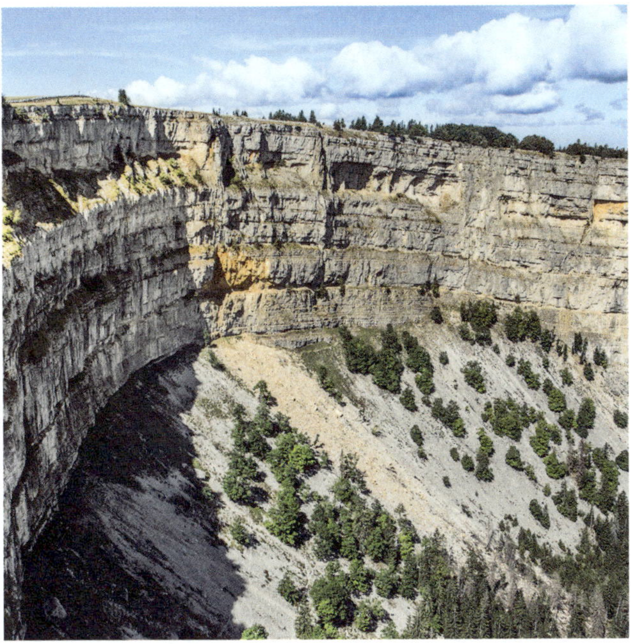

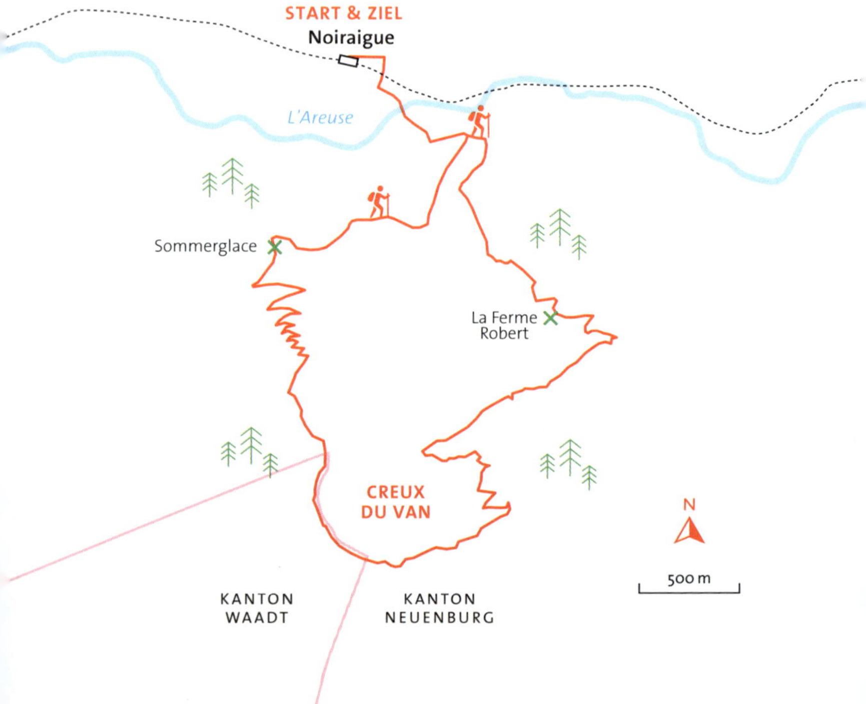

Charakter der Wanderung

- anstrengende Wanderung
- Wanderzeit 4 h 15 min
- Strecke 11,8 km
- 790 m hoch
- 790 m runter
- Wanderschuhe

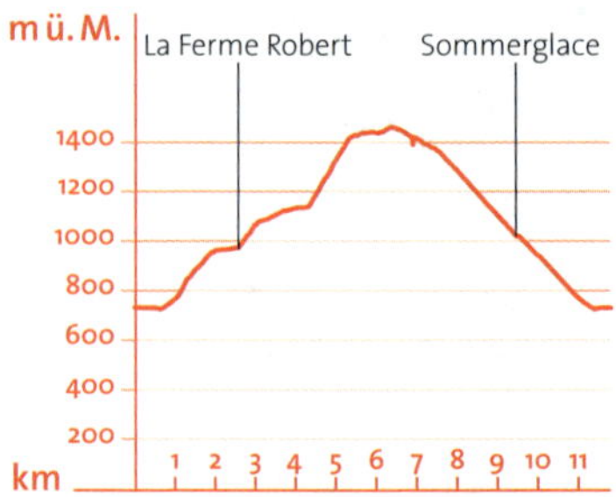

»Das klingt nach Größenwahn«, sage ich.

Maja kniet am Boden, um sich die Schnürsenkel noch mal neu zu binden.

»Wirklich? So anstrengend ist die Wanderung gar nicht.«

»Nein, der Name Creux du Van, das klingt wie Größenwahn.«

»Dann passt es ja zu unserem heutigen Ausflugsziel, dem Grand Canyon in den USA.«

Dass wir uns den Wanderklassiker nicht entgehen lassen, war von Anfang an klar. Mitten im Juragebirge öffnet sich der Boden für eine Felsarena. Der Vergleich mit dem Grand Canyon liegt auf der Hand, obwohl sich das Gestein hier erst im Abendlicht rot färbt, was sein Pendant in Amerika auch ohne die untergehende Sonne ständig macht. Dafür kann man die einen großen Bogen bildende Abbruchkante komplett ablaufen. Das wissen wir nicht nur von der Karte, sondern aus eigener Erfahrung. Maja und ich waren nämlich schon mal als Teenager hier, wobei uns die Wanderung damals ziemlich furchteinflößend erschien, so steil, so lang, so anstrengend ...

Jetzt stehen wir da, in der Nähe des Bahnhofs Noiraigue und stellen uns geistig schon mal auf den Anstieg ein.

»Wie lange dauert es, bis wir oben sind?«, frage ich.

»Knapp zwei Stunden.«

Das ist machbar. Wir marschieren los.

Beim Bahnhof Noiraigue wenden wir uns nach rechts, überqueren bald die Gleise und gleich darauf die Areuse. Hier teilt sich der Weg. Maja und ich entscheiden

Reisetipp: Leistungskilometer sind praktisch. Du kannst damit zum einen gut voraussagen, wie kaputt du am Ende der Wanderung sein wirst, und zum anderen supergut damit angeben. Leistungskilometer beziehen nämlich nicht nur die Länge einer Route mit ein, sondern auch die Höhenmeter, die du beim Aufstieg bewältigst. Höhenmeter beim Abstieg werden nur eingerechnet, wenn es steil bergab geht. 100 Höhenmeter Aufstieg entsprechen 1 Leistungskilometer. Wir rechnen das mal (gerundet!) vor: Bei der Creux-du-Van-Wanderung läufst du 750 Höhenmeter nach oben. 750 Höhenmeter entsprechen 7,5 Leistungskilometern. Die Länge der Wanderung ist 12 Kilometer, also auch 12 Leistungskilometer. Zusammengerechnet kommen wir bei dieser Wanderung also auf 19,5 Leistungskilometer. Das ist viel! Wie schnell findest du die Wanderung mit den wenigsten Leistungskilometern im Buch?

uns, den westlichen Weg hochzugehen und den östlichen abzusteigen.

Die Route ist gut ausgeschildert und führt durch den Wald immer weiter hoch. Zwischendurch passiert man einen Bauernhof, bei dem man an sonnigen Tagen eine Glace kaufen kann. Heute haben wir allerdings Pech; der Stand ist geschlossen. Wir müssen uns mit unseren mitgebrachten Sandwiches begnügen.

Irgendwann gehen die Schritte wie von alleine, trotz der Steigung. Der ziemlich kurvenreiche Weg macht es einem einfach, in einen Trott zu kommen, bei dem man stetig an Höhe gewinnt.

Maja behält recht, nach zwei Stunden Wandern geht die Sicht plötzlich auf. Wind weht uns ins Gesicht. Vor uns präsentiert sich ein großes Halbrund aus Fels und Stein.

Wir haben unser Ziel erreicht und sind sprachlos.

Die Wanderung entlang der Abbruchkante des Creux du Van, an der es senkrecht runtergeht, ist spektakulär und beeindruckt uns – nicht zuletzt, weil gar nichts gesichert ist! Es gilt also vorsichtig zu sein. Hier ist nicht der Ort, wo man »Getrousch di eh ned, so wiit vörezstoh« spielen sollte.

Auch unter Einhaltung eines angemessenen Sicherheitsabstandes ist der Anblick ergreifend. Wir brauchen über eine halbe Stunde, um die 1,4 Kilometer lange Abbruchkante abzulaufen, weil wir immer wieder stehen bleiben oder uns hinsetzen.

»Weißt du noch, wie wir uns damals aufgeregt haben?«, frage ich.

Maja bejaht.

Als wir diese Wanderung als Teenager machen mussten (damals war es ein Müssen), wussten wir nicht, dass man den Creux du Van auch mit dem Auto erreichen kann. Und so haben wir uns grün und blau über die ganzen Leute geärgert, die motorisiert und völlig unverschwitzt da waren.

Mit einem letzten Schnappschuss verabschieden wir uns von dem riesigen Amphitheater aus Fels.

»Aber ganz so beeindruckend, wie der richtige Grand Canyon ist der hier doch nicht«, sagt Maja, während wir dem Waldpfad folgen.

Als hätte die Natur da eine andere Meinung, bricht genau in dem Moment etwa zehn Meter vor uns ein Steinbock zwischen den Bäumen hervor und läuft – ohne uns eines Blickes zu würdigen – dem schmalen Wanderweg entlang Richtung Creux du Van.

Karte aufs Handy geladen?

GRAND CANYON, UND DAS OHNE WARTEN AN DER GEPÄCK-AUSGABE

Grand Canyon USA

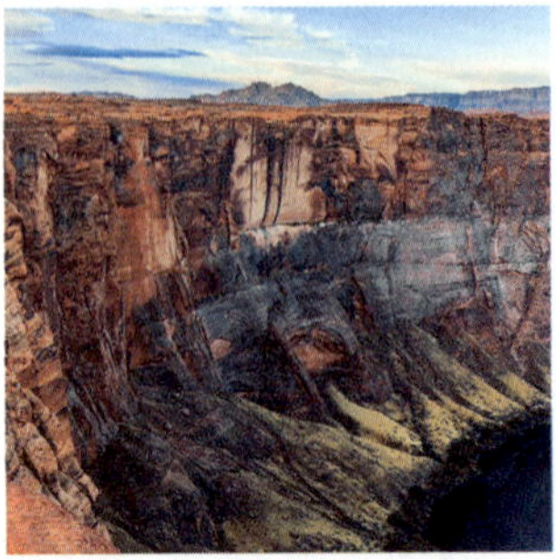

Zeit **Flug: 15 h +**

Distanz **9014 km**

CO_2 **2600 kg**

3

Stell dir vor, die 2598,3 Kilogramm CO_2,
die du dank klugen Reisens nicht
ausgestoßen hast, entsprechen dem
Verbrauch von 1040 Liter Erdöl.
Verrückt!

Creux du Van Kantone Neuenburg und Waadt

Zug: 2 h 12 min	Zeit
172 km	Distanz
1,7 kg	CO_2

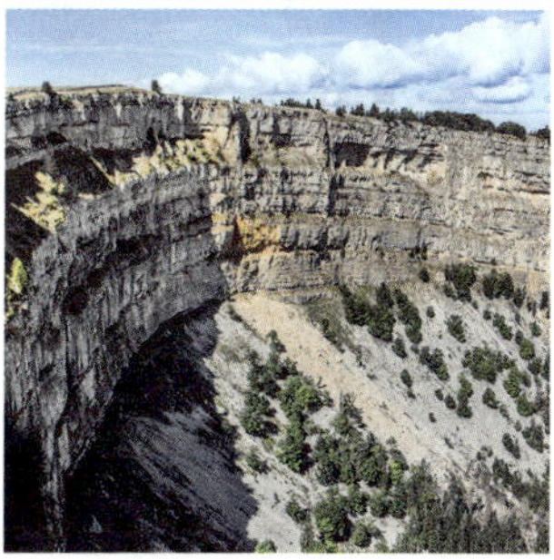

Krka-Nationalpark

Kroatien

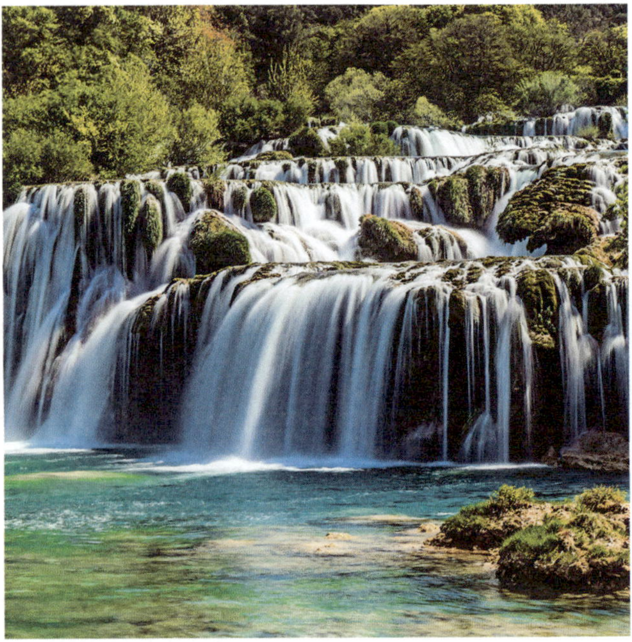

4

Simmenfälle

Kanton Bern

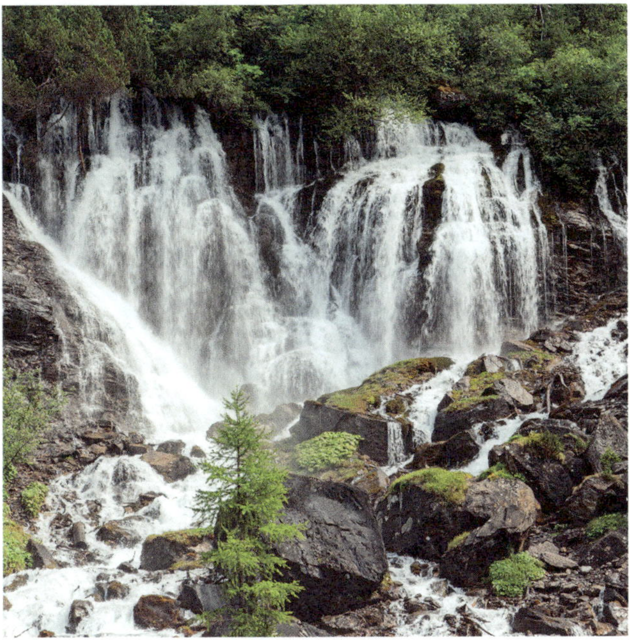

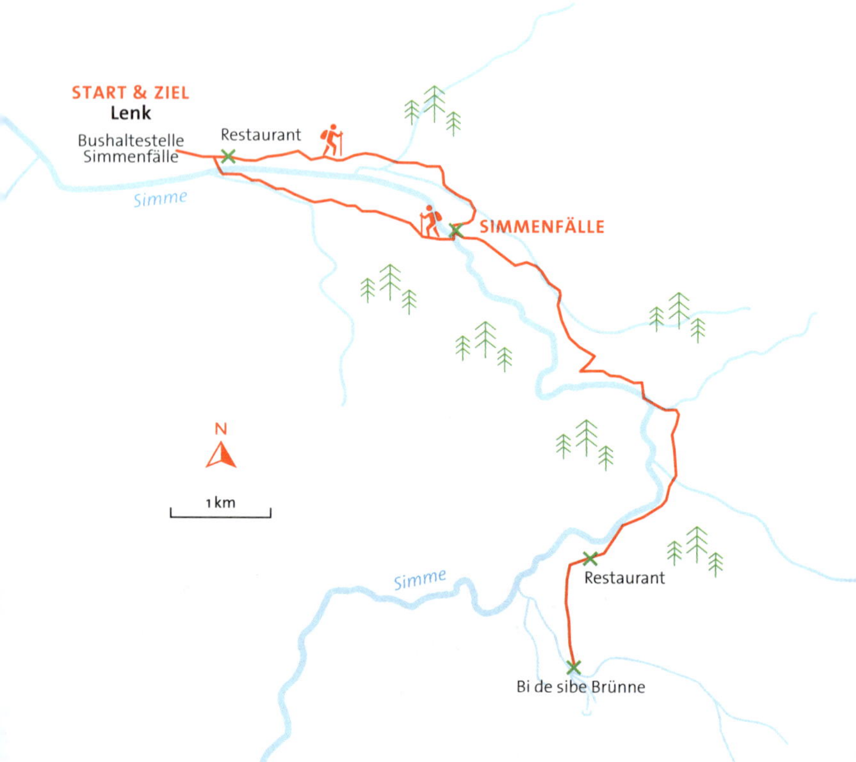

Charakter der Wanderung

- mittlere Wanderung
- Wanderzeit 1 h 45 min
- Strecke 5,4 km
- 315 m hoch
- 315 m runter
- Wanderschuhe

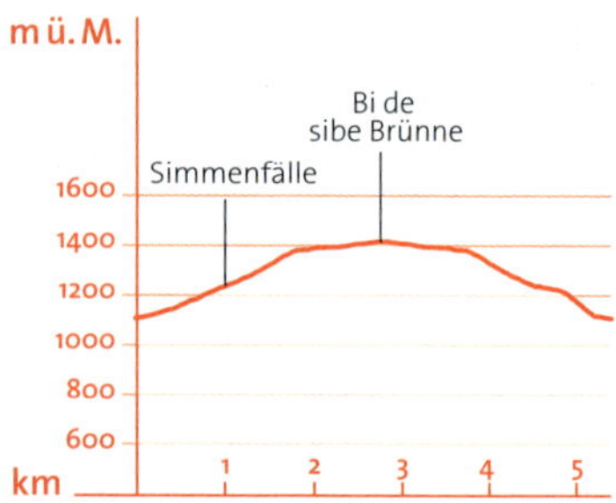

Maja liegt mit dem Laptop im Schoß auf dem Sofa. »Ich finde nichts unter Simmelfälle«, ruft sie mir quer durch den Aufenthaltsraum zu.

Für diesen Ausflug ins Simmental haben wir uns extra ein ganzes Wochenende Zeit genommen. Direkt nach der Arbeit sind wir am Freitagabend mit vollgepacktem Rucksack angereist. Ein Zelt sollte man eigentlich nach dem Wind ausrichten, wir fanden das aber viel zu schade und haben unseres so aufgestellt, dass wir am Morgen direkt auf die Berglandschaft sehen.

In der Frühe öffneten wir also nach einer angenehm kühlen Nacht den Reißverschluss am Zelt, und nach einem langen Wow-Moment zückten wir unsere Kameras, um diesen Blick auf die Berge, die das Simmental abschließen, festzuhalten.

Maja sagte, ich hätte in der Nacht geschnarcht, aber das waren wohl einfach ein paar besonders laute Schnecken gewesen.

Im Aufenthaltsraum bereite ich unser Frühstück zu, und Maja brütet über der Karte.

»Versuch's mal mit Simmelfall?«, schlage ich vor, während ich Brote mit Butter bestreiche.

»Wieder nichts.«

Ich setze mich zu Maja aufs Sofa. Sie hält mir den Bildschirm entgegen.

»Rien du tout!«, klagt sie.

Also gebe ich »Wasserfall« und »Lenk« in der Online-Suchmaschine ein. Jetzt ploppen ganz viele Suchresultate auf, die uns zeigen, dass die gesuchten Wasserfälle ganz in der Nähe der letzten Bushaltestelle im Tal sein müssen.

Wenig später laufen wir los.

Der Weg vom Campingplatz geht geradeaus auf die hohen Berge zu. Die Sonne heizt bereits ordentlich ein,

Reisetipp: Bei diesen Ausflügen macht uns besonderen Spaß, dass wir uns voll auf das Hier und Jetzt fokussieren. Umso schöner ist es, wenn man sich dafür Zeit nimmt. Mit Zelt, Mätteli und Schlafsack ausgerüstet kann man das Wandererlebnis ideal verlängern. Einfach einen Campingplatz in der Nähe des Start- oder Zielortes suchen, kurz anfragen, ob noch Plätze frei sind, und schon wird die Wanderung zu einem aufregenden Zweitagestrip. An der Lenk laden gleich mehrere Campingplätze zum Übernachten ein. Übrigens planen wir es immer so, dass wir am Sonntag noch genügend Zeit haben, um die Beine hochzulegen, gemütlich die Heimreise anzutreten und uns auf die kommende Woche einzustellen.

und wir sind froh, als wir wenig später in den Schatten eines Bushäuschens treten.

Direkt dahinter befindet sich der gesuchte Wasserfall – denken wir zumindest. Aber beim Anblick der braunen Brühe, die dort wenig spektakulär über die Steine plätschert, kommen uns erste Zweifel.

»Das sieht ja überhaupt nicht aus wie die Wasserfälle in Kroatien!«, sagt Maja.

Wir zücken unsere Handys und vergleichen die Bilder aus dem Krka-Nationalpark mit dem, was wir vor uns sehen. Irgendwas kann nicht stimmen. Unseren Irrtum erkennen wir erst, als wir nochmals das Schild neben dem Bushäuschen lesen.

»Lenk, Simmenfälle« steht auf dem Schild.

»Nicht Simmelfälle«, seufzt Maja.

Wir orientieren uns neu. Der Weg, der bei der Bushaltestelle Simmenfälle startet, führt aufwärts durch den Wald und bleibt stets in der Nähe des Wassers.

Die Simme fällt an diversen Stellen in die Tiefe – welche davon diejenige ist, die wie das kroatische Pendant aussieht, das müssen wir wohl selbst herausfinden.

Wir begeben uns auf den gut ausgebauten Weg. Und bald schon sehen wir »Simmenfälle« auf einer Tafel angeschrieben und hören das tosende Wasser. Wir wagen uns ganz nach vorne auf einen kleinen Holzsteg, um den besten Blick auf das fallende Wasser zu haben. Immerhin ist die Simme hier viel heller als unten bei der Bushaltestelle – aber das, was wir suchen, ist es immer noch nicht. Also weiter.

Und endlich, ganz oben, bei den Sibe Brünne werden wir fündig. Hier, an der Quelle der Simme, tritt das Wasser an sieben Stellen strahlend weiß aus der hohen Felswand hervor. Ein erstaunlicher Anblick, den es so an keinem anderen Ort in der Schweiz zu bewundern gibt. Maja schießt ein Foto. »Jetzt haben wir's geschafft. Willkommen in Kroatien!«

Die Rundwanderung zu den Sibe Brünne dauert, ausgehend von der Bushaltestelle, knapp zwei Stunden.

Wichtig ist, sich im Voraus – zum Beispiel beim Hotel neben der Bushaltestelle – zu informieren, welche Wege offen sind, um Irrläufe zu vermeiden, da im Sommer wegen Auslaufgefahr eines Gletschersees manche Wege gesperrt sind.

Mach dich auf den Weg!

SPRUDELNDES WASSER WIE IN DALMATIEN

Krka-Nationalpark Kroatien

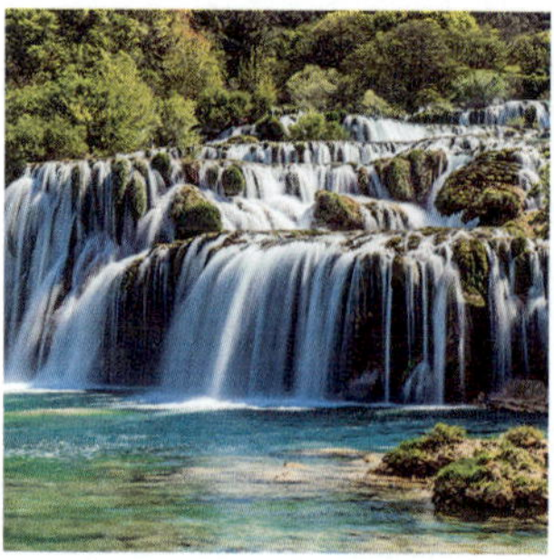

Zeit **Flug: 1 h 40 min**

Distanz **702 km**

CO_2 **210 kg**

4

Indem du ganz in der Nähe bleibst, um das Getöse zu hören, sparst du 208,1 Kilogramm CO_2 ein. Das entspricht 1560 Kilowattstunden Strom.

Simmenfälle Kanton Bern

Zug: 3 h 42 min	Zeit
189 km	Distanz
1,9 kg	CO_2

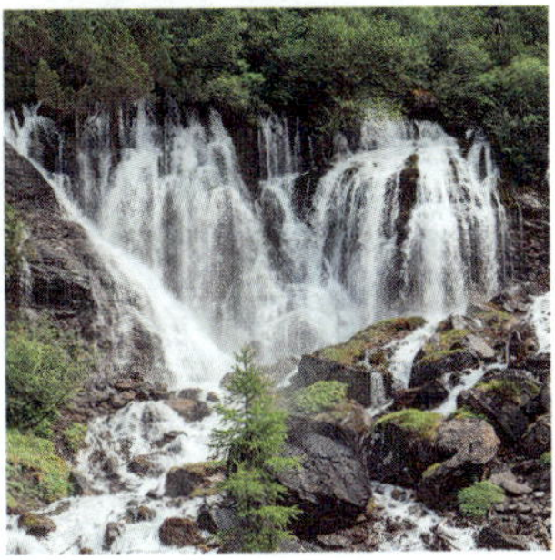

Zuckerhut

Brasilien

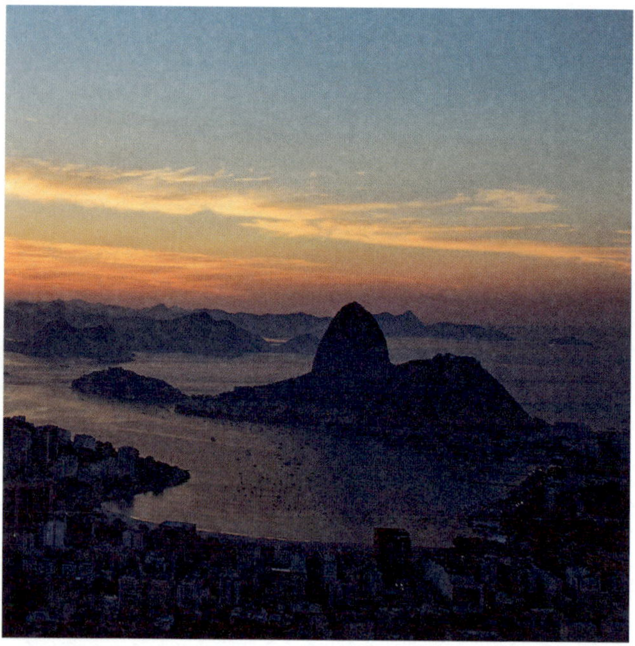

San Salvatore

Kanton Tessin

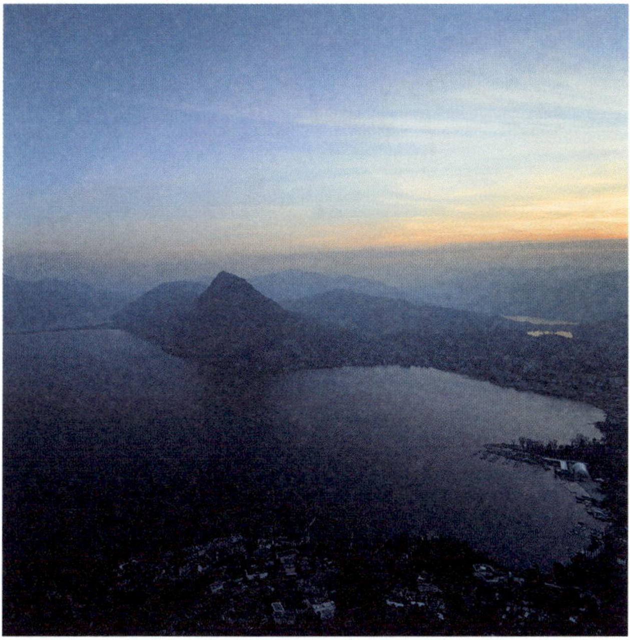

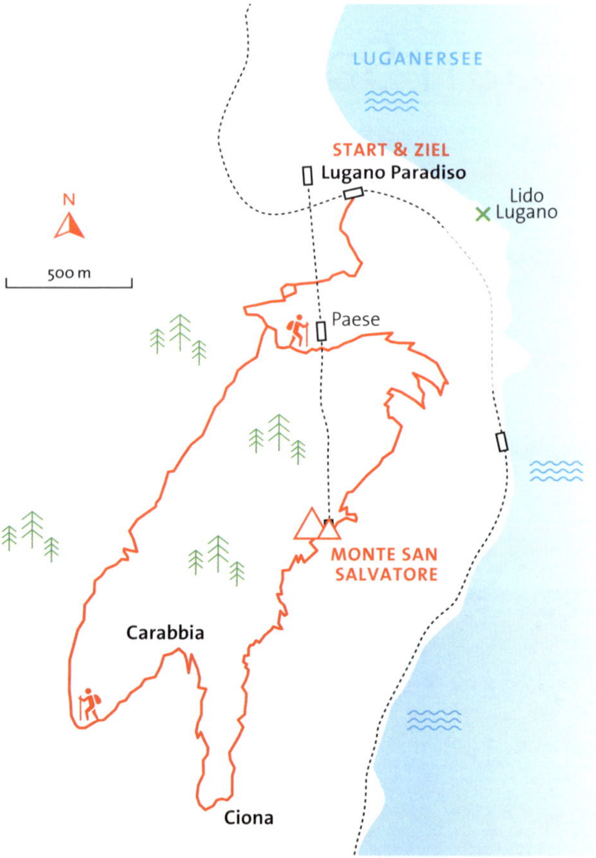

Charakter der Wanderung

- anstrengende Wanderung
- Wanderzeit 4 h
- Strecke 11 km
- 730 m hoch
- 730 m runter
- Trekkingschuhe

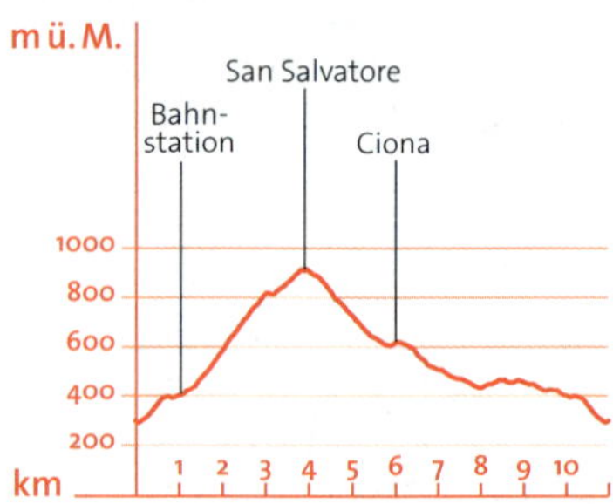

Irgendwann gibt man sich der Hitze einfach hin. Man denkt nicht mehr an Schweißflecken, an den Körpergeruch oder die Bäche, die zwischen den Brüsten runterrinnen. Man denkt auch nicht mehr an Glace oder einen Sprung in den See – zu gefährlich, so kühle Gedanken. Am besten hört man komplett auf zu denken.

Ach, du liebes Tessin, wie gut es sich auf deinen Wanderwegen schwitzen lässt!

Auch für diese Wanderung sind wir mit dem großen Rucksack angereist. Wir haben Gefallen daran gefunden, am Freitagabend nach der Arbeit in den Zug zu steigen und den Alltag hinter uns zu lassen. Wir sind also in den Süden gefahren, in die wunderschöne Seen- und Berglandschaft des Tessins.

»Immerhin«, sagt Maja, als wir am Fuß unseres heutigen Berges losmarschieren, »würden wir in Rio de Janeiro genauso schwitzen.«

Wir empfehlen, die Wanderung beim Bahnhof Lugano Paradiso zu starten. Von dort führt der Weg direkt in den schattigen Wald. Wer vom Bahnhof Lugano zu Fuß zum Ausgangspunkt wandern möchte, sollte dafür eine gute halbe Stunde einplanen.

Die Route ist steil, überrascht dafür immer wieder mit schönen Aussichtspunkten. Und auch das Wäldchen, durch das sich der Weg schlängelt, fühlt sich wie ein verwunschener Ort an, an dem man in der Dämmerung auf Elfen oder Kobolde treffen könnte.

»Im Herbst mit verfärbten Blättern ist es hier bestimmt auch schön«, antwortet Maja.

»Und sicher nicht so heiß«, sage ich.

Nach knapp zwei Stunden geht es nicht mehr weiter nach oben; wir sind auf dem Gipfel. Die Aussichtsplattform bietet eine Rundsicht, die ihresgleichen sucht: die Bergflanken, die steil aus dem See schießen, das Grünblau des Wassers, die Häuser der Stadt zu unseren Füßen – wow!

Reisetipp: Wer draußen unterwegs ist, soll sich entsprechend vor Sonneneinstrahlung schützen. Sonnencremes verlängern die Zeit, die wir der Sonne ausgesetzt sein können, ohne einen Schaden davonzutragen. Nur: Viele Sonnencremes stehen in Verdacht, Wasserlebewesen zu schädigen, da bei der Zulassung der Kosmetikprodukte negative Auswirkungen auf die Umwelt schlichtweg nicht geprüft werden. Wenn dir Fische und Krebse am Herzen liegen, kannst du beim Kauf neben einem passenden Sonnenschutzfaktor auch darauf achten, dass der Schutz auf mineralischer Basis beruht.

Wir mischen uns unter die Leute, die mit der Bahn hochgefahren sind – und die übrigens genauso schwitzen wie wir, ha! –, und gönnen uns ein Gipfelgetränk.

Für den Abstieg gibt es mehrere Möglichkeiten. Eine circa zweistündige Route führt über die südliche Flanke des Bergs zum Dorf Carabbia und von dort zurück zum Ausgangspunkt. Der Abstieg kann aber auch halbiert werden, indem man bis zur Mittelstation mit der Standseilbahn fährt oder – die gemütlichste Variante – das Funicolare direkt nach unten nimmt.

Egal für welchen Weg man sich entscheidet, nicht entgehen lassen sollte man sich ein Bad im See, am besten im nahe gelegenen Lido oder im gegenüberliegenden Parco Civico, von dem aus man eine gute Sicht auf den San Salvatore hat. Wir entscheiden uns für den Parco Civico, um den Tessiner Zuckerhut in seiner vollen Größe anschauen zu können.

Als wir nach dem Abstieg und einer kurzen Busfahrt beim Park ankommen, fühlt sich die Hitze bereits nicht mehr so drückend an. Wir flanieren durch den Park.

Die Menschen um uns herum sind gut gelaunt, es gibt Glaceständе, Livemusik und Bars. Nach so einer Wanderung fühlt es sich doppelt so gut an, den Tag faul ausklingen zu lassen.

»Wie heißt eigentlich die Bucht beim Zuckerhut in Rio de Janeiro?«, fragt Maja, als wir hinter einem Baum in unsere Bikinis schlüpfen.

»Keine Ahnung«, antworte ich.

Wir zucken beide mit den Schultern, ist ja eigentlich auch egal. Rio ist weit weg. Jetzt sind wir hier in Lugano.

Im Hintergrund spielt eine Band wunderbare Popmusik, wir springen mit Blick auf unseren eigenen Zuckerhut ins Wasser.

Übrigens: Das hier abgedruckte Foto des San Salvatore wurde vom Monte Brè aus geschossen.

Wann geht's los?

LIDO STATT RIO – DIE NATUR DANKT ES DIR.

Zuckerhut Brasilien

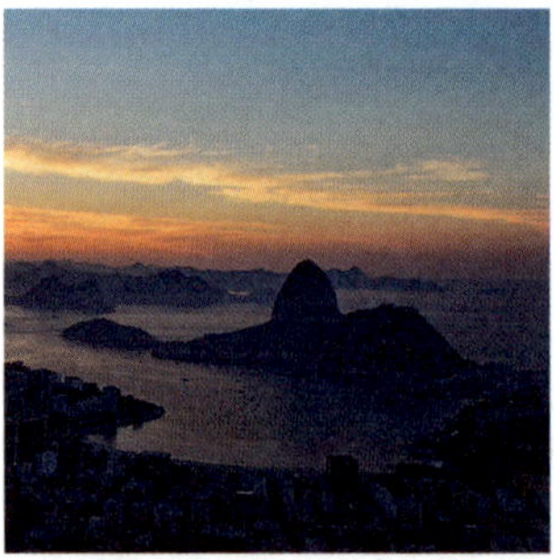

Zeit **Flug: 14 h 40 min**

Distanz **9371 km**

CO_2 **2640 kg**

5

Um die 2637,9 Kilogramm CO_2,
die du bis nach Brasilien
ausgestoßen hättest, zu
kompensieren, müsste ein Baum
210 Jahre lang wachsen.

San Salvatore Kanton Tessin

Zug: 2 h	Zeit
211 km	Distanz
2,1 kg	CO_2

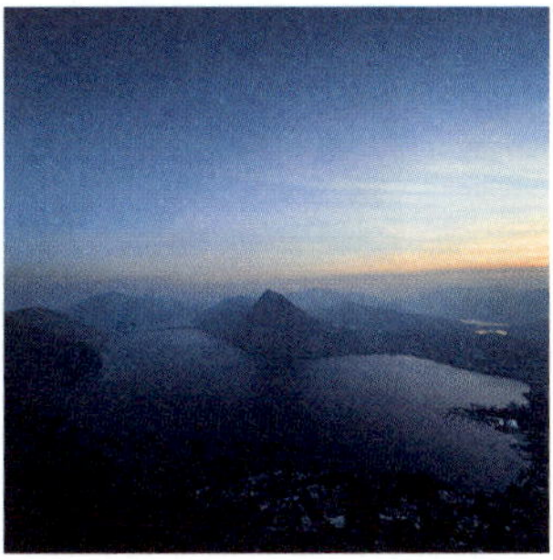

Horseshoe Bend

USA

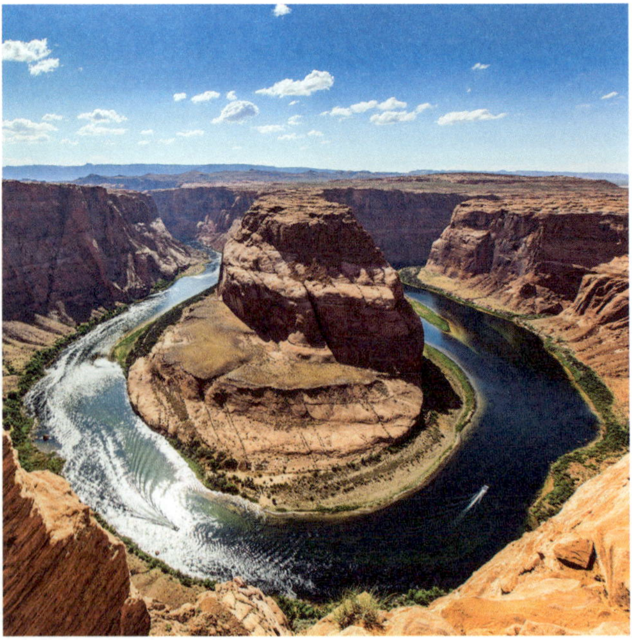

Ruinaulta

Kanton Graubünden

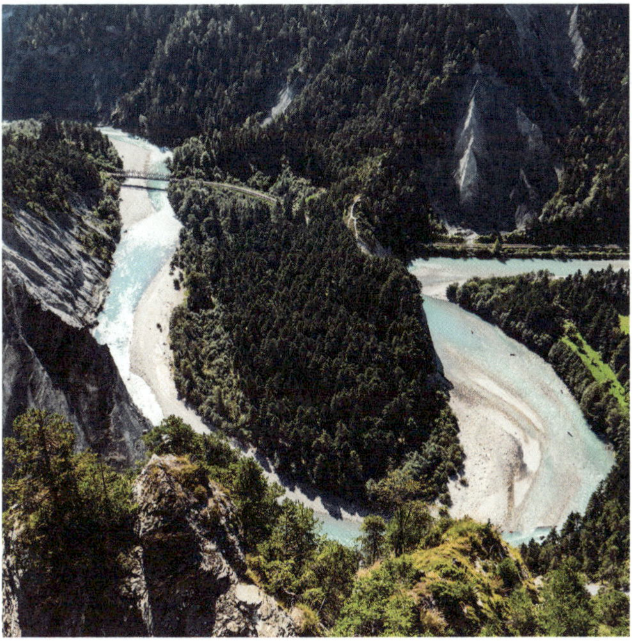

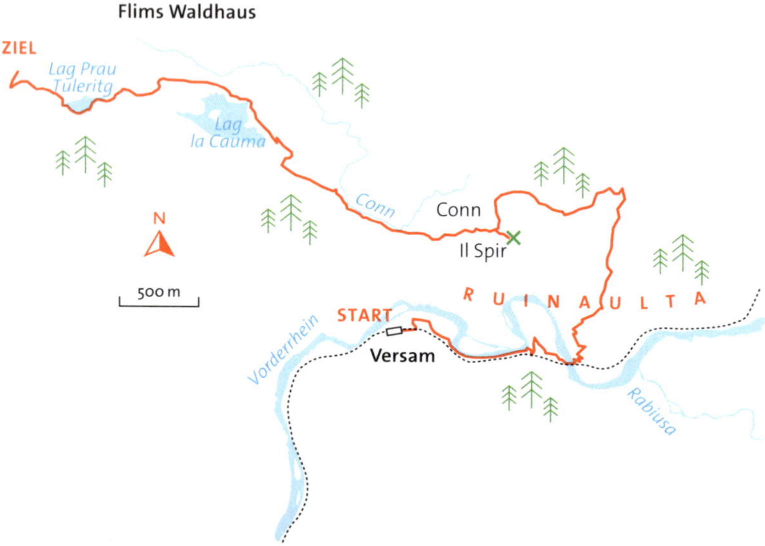

Charakter der Wanderung

- mittlere Wanderung
- Wanderzeit 3 h
- Strecke 9 km
- 580 m hoch
- 145 m runter
- Trekkingschuhe

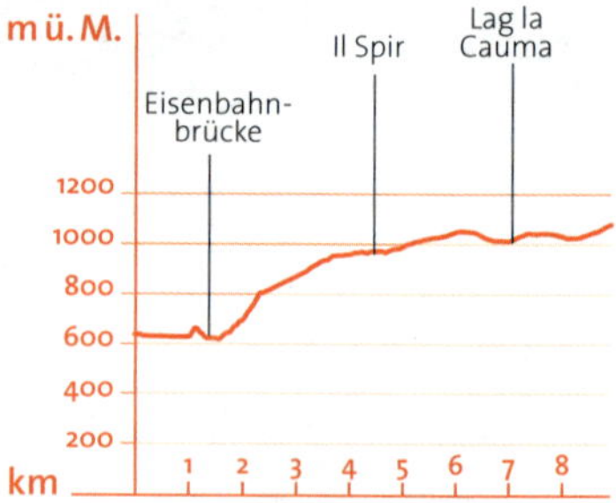

Auf die Wanderung zum Horseshoe Bend freuen Maja und ich uns schon lange. In Arizona ist es der Colorado River, im Kanton Graubünden der Vorderrhein, der sich ins Gestein gegraben hat. Und für einmal übertrifft die kleine Schweiz die USA: Die Rheinschlucht ist 400 Meter tief, der Horseshoe Bend nur 300 Meter – was bedeutet, dass Maja und ich bei dieser Wanderung einige Höhenmeter zurücklegen werden.

Es ist Sonntagmorgen. Im Zug Richtung Chur setzen wir uns in den Speisewagen und recherchieren zu unserem Reiseziel, Maja den Horseshoe Bend, ich die Ruinaulta.

»Witzig«, sagt Maja, »dort drüben musst du Eintritt zahlen, um zum perfekten Horseshoe Viewing Point zu gelangen.«

»Werden wir nicht müssen. Und das, obwohl extra eine Aussichtsplattform gebaut wurde, um das Rheinhufeisen zu sehen.«

»Denkst du, es werden viele Leute unterwegs sein?«

Ich schaue aus dem Zugfenster. Es ist wolkenverhangen und relativ mild für die Jahreszeit. Nicht gerade klassisches Wanderwetter.

»Flims, Laax, Falera sind schon touristische Orte. Der Caumasee sowieso. Aber wir starten unsere Wanderung unten beim Fluss – das ist nicht die klassische Route.«

Nach einer weiteren Zugfahrt steigen wir in Versam aus. Der Bahnhof ist klein, aber geschäftig. Man kann lokale Produkte kaufen oder sich für einen Kanukurs anmelden. Sehr faszinierend ist der hellgraue Gesteinsabbruch auf der anderen Flussseite.

»Sieht ein bisschen aus wie der Mount Rushmore, auch wenn der überhaupt nicht in der Nähe des Horseshoe Bend liegt«, sagt Maja.

Reisetipp: Dass wir den eigenen Abfall mitnehmen, ist hoffentlich allen klar. Wir möchten dich ermuntern, zusätzlich auch den Abfall aus der Natur aufzulesen, der nicht von dir stammt. Das meiste Plastik landet ohne böse Absicht auf dem Waldboden. Maja und ich fanden bei jeder Wanderung auf oft begangenen Routen – wie der zur Rheinschlucht – Gummibänder, die normalweise zusammengeklappte Wanderstöcke fixieren. Wetten, dass die niemand mit Absicht auf den Boden geworfen hat? Aber wenn du den Abfall nicht aufhebst, wer macht es dann?

»Was wir wohl tun müssen, damit unsere Gesichter da eingraviert werden?«

»Bundespräsidentin werden?«

»Lieber du als ich«, antworte ich.

Beim Bahnhof Versam überqueren wir die Gleise und laufen ein kleines Stück zurück Richtung Chur.

Die Route führt zunächst am Flussufer entlang, dann ein kurzer Zwischenanstieg und wieder -abstieg, gefolgt von der Überquerung des Vorderrheins auf der Eisenbahnbrücke. Danach steigt der Weg steil an. Über 500 Höhenmeter sind es insgesamt. Unterdessen können wir recht gut abschätzen, was diese abstrakten Zahlen mit unseren Beinmuskeln machen. Die gut 700 Höhenmeter beim San Salvatore: anstrengend, aber o. k. Die 500 Höhenmeter hier in der Surselva: Die schaffen wir gut – vor allem im Wissen darum, dass uns oben ein netter Rastplatz erwartet.

Nach einer halben Stunde führt der Weg nämlich zu einer lauschigen Feuerstelle im Wald und einer Liegebank, von der aus man eine herrliche Sicht auf den Bach Rabiusa und seine Mündung in den Vorderrhein hat.

Hier machen wir Mittagspause und folgen dann den Wegweisern, auf denen »Conn« steht und ein Trinkglas abgebildet ist. Dabei passen wir genau auf, damit wir die Abzweigung zur Aussichtsplattform Il Spir nicht verpassen.

Je näher wir Il Spir kommen, desto mehr Menschen begegnen uns. Die Aussichtsplattform ist beliebt, und als wir ganz oben stehen, verstehen wir auch warum: Von hier aus sieht man das ganze Vorderrhein-Hufeisen, eingebettet in eine beeindruckend eigenwillige Landschaft.

»What a view«, freut sich Maja.

»Schön, dass wir schon unsere zweite USA-Reise ohne Flugzeug erleben dürfen!«

»Absolutely true, my friend. Und jetzt wird's Zeit für eine Kaffeepause.«

Bei Conn gönnen wir uns einen kleinen Restaurantbesuch und treten dann das letzte Wegstück entlang dem Caumasee und weiter bis zur Bushaltestelle an. Beim Lag la Cauma werden wir noch ein letztes Mal an das amerikanische Hufeisen erinnert. Wie beim Horseshoe Bend zahlt man hier nämlich Eintritt, wenn man zum See will.

Das Abenteuer beginnt hier!

DAS GRÖSSTE HUFEISEN DER SURSELVA

Horseshoe Bend USA

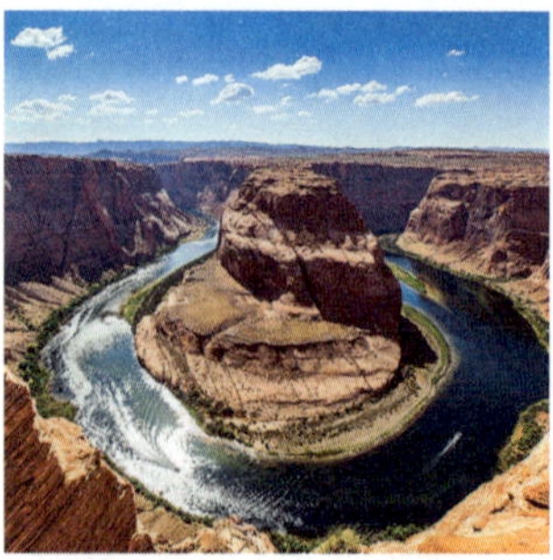

Zeit **Flug: 19 h**

Distanz **8700 km**

CO_2 **2267 kg**

6

Schön, dass du die natürlichen Gesteinswände in der Schweiz bewundert hast, anstatt dafür über den Atlantik zu fliegen. So konntest du 827 Kilogramm CO_2 einsparen, was der Herstellung von 1,4 Tonnen Beton entspricht.

Ruinaulta Kanton Graubünden

Zug: 2 h	Zeit
85 km	Distanz
5 kg	CO_2

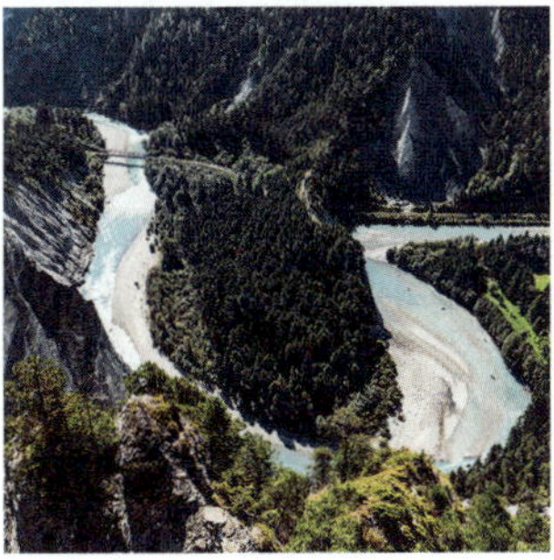

Provence

Frankreich

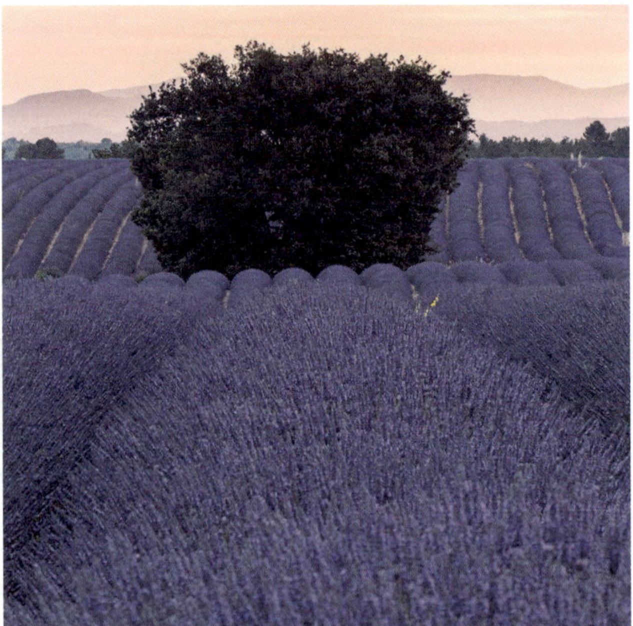

Wiedlisbach

Kanton Bern

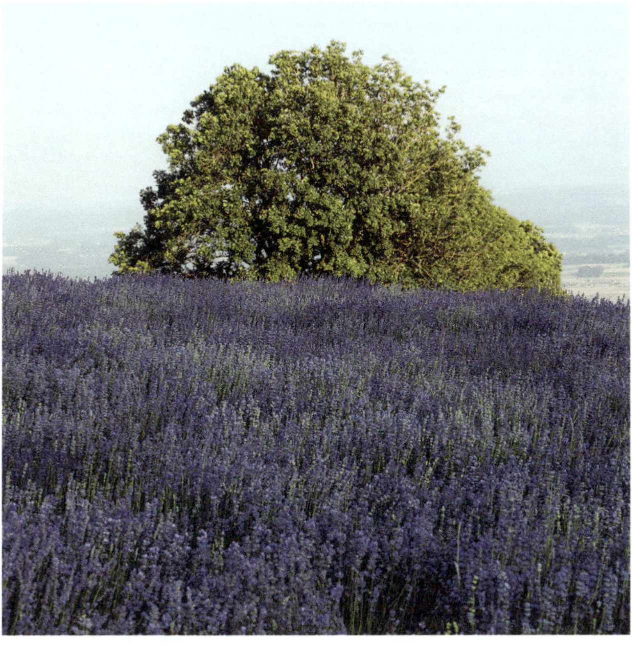

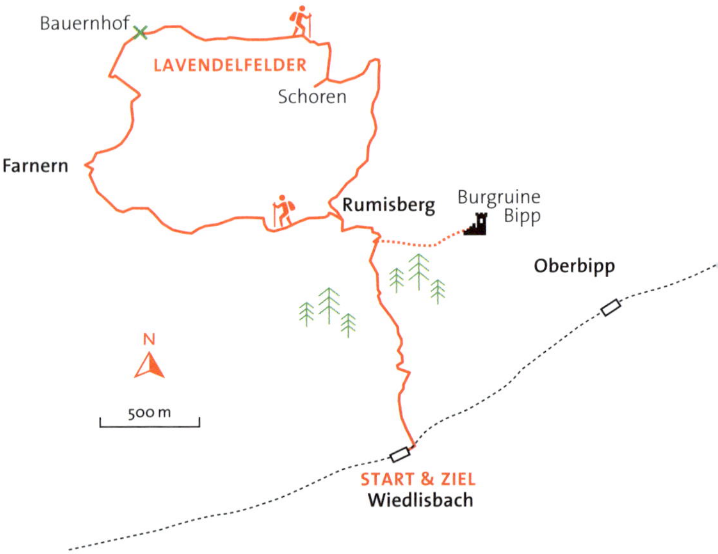

Charakter der Wanderung

- leichte Wanderung
- Wanderzeit 2 h 45 min
- Strecke 8,7 km
- 450 m hoch
- 450 m runter
- Trekkingschuhe

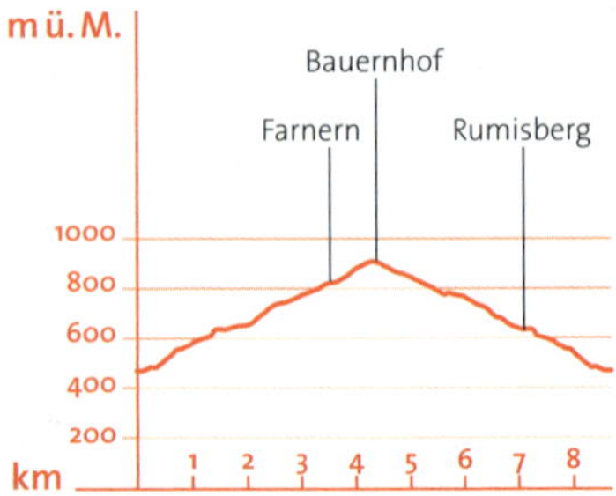

Es regnet.

Über die Fensterscheiben des Bipperlisi – so wird der Zug genannt, der von Solothurn nach Niederbipp fährt – stürzen Wasserkaskaden, als würden wir gerade durch eine Waschanlage fahren.

Maja und ich sind trotzdem frohgemut.

Warum? Die Route ist technisch nicht anspruchsvoll, wir setzen uns also trotz nassen Untergrunds keinem Risiko aus. Und sowieso, jetzt können wir die gebraucht gekauften Regenkleider, die wir uns zu Beginn unseres Wanderjahres ersteigert haben, endlich mal auf Herz und Nieren testen.

Auf die Lavendelfelder wären wir selbst nicht gekommen. Sie sind ein Geheimtipp.

Gut versteckt liegen sie am Jurasüdfuß. Wer diese Wanderung machen will, muss sich mit der Route auseinandersetzen, weil »einfach den Wegweisern folgen« hier nicht möglich ist.

Beim Bahnhof Wiedlisbach sind wir die Einzigen, die aussteigen. Alles, was zu hören ist, sind die Regentropfen, die auf den Boden klatschen.

»Wir ziehen das wirklich durch?«, fragt Maja.

Ich ziehe mir meinen breitkrempigen Hut über den Kopf und nicke.

Beim Bahnhof Wiedlisbach wenden wir uns nach links und überqueren die Gleise.

Rund 400 Höhenmeter müssen wir hinter uns bringen, um auf die Höhe unseres Zieles zu gelangen.

»Wusstest du, dass es hier ganz viele Lavendelfelder gibt?«, fragt Maja durch den prasselnden Regen hindurch.

Reisetipp: Wir wollen eine Umgebung schaffen, in der es der Normalfall ist, dass man ohne Flugzeug in die Ferien geht. Hilf mit, Leute zu Reisen in die Nähe zu inspirieren! Teile deine Fotos unter dem Hashtag #closeby.ch, so entdecken auch andere, wie einfach und lohnenswert Closeby-Reisen sind. Wahrer Pro-Tipp: Schieß die Fotos an Ort und Stelle, aber poste sie später, um dich nicht vom Erlebnis ablenken zu lassen. Außerdem kannst du dich dann in aller Ruhe nochmals an deine »Weltreise« erinnern.

»Die Bauernhöfe hier in der Umgebung haben sich zusammengetan, um eine eigene Linie mit Pflegeprodukten auf den Markt zu bringen. Etwas weiter weg, in Leimiswil, kann man sogar im Lavendelfeld übernachten.«

»Ich dachte, Lavendelfelder gibt es nur in der Provence«, antworte ich.

»Bei der Planung der Wanderung habe ich allerlei darüber gelesen. Das Feld wird übrigens nicht ganz genauso aussehen wie in der Provence. Dort wird viel mehr mit Maschinen gearbeitet, weshalb die französischen Felder von langen geraden Linien durchzogen sind – du hast die Bilder doch im Kopf.«

Ich nicke wieder.

»Hier am Jurasüdfuß wird der Lavendel einfach so ausgesät, es sieht mehr so aus wie ein geschlossener Blütenteppich.«

»Aber es blüht?«

»Ja, jetzt sind wir genau rechtzeitig dran: Der Lavendel blüht hier je nach Wetter von Juni bis Anfang August. Der Anbau ist biologisch.«

Nachdem wir ein kleines Waldstück passiert haben, spüre ich, wie meine Regenjacke langsam an ihre Grenzen kommt. Wir verzichten deshalb darauf, den Abstecher zur Burgruine Bipp zu machen. Im nächsten Dorf namens Rumisberg suchen wir Unterschlupf unter einem Vordach, und siehe da, wir haben Glück. Schon wenig später wird der Regen zu einem Tröpfeln, und als wir in Farnern, dem Nachbarsdorf, ankommen, hat es vollständig aufgehört zu regnen.

Unser Ziel liegt oberhalb von Farnern in der Nähe eines Bauernhofes. Endlich sehen wir die violetten Blüten.

Das Lavendelfeld ist nicht riesig. Und trotzdem zücken wir beide unsere Kameras und watscheln mit klatschnassen Regenhosen mal hier-, mal dorthin, um möglichst provennzialische Bilder zu schießen.

»Das ist lustig«, ruft Maja, »auch wenn es ein bisschen geschummelt ist. Das Feld sieht auf den Fotos viel größer aus als in echt.«

»Auf Social Media ist ja eh kaum was echt«, sage ich leise, um die Biene, die vor mir auf einer Blüte gelandet ist, nicht zu stören.

Die Wanderung zu den Lavendelfeldern ist eher ein längerer Spaziergang. Wer sie noch abkürzen möchte, kann auch mit dem Bus von Wiedlisbach nach Rumisberg fahren. Aber Achtung, die Busse fahren nur selten, weshalb man dann die Wanderung genau planen muss.

Trotz allem fühlen wir uns gut, als wir wieder ins Bipperlisi einsteigen. Rauszugehen, obwohl es gießt wie aus Kübeln, hat uns gutgetan. Auch so macht Wandern Spaß.

Fotoapparat eingepackt?

PROVENCE IM KANTON BERN – PAS DE PROBLÈME

Provence Frankreich

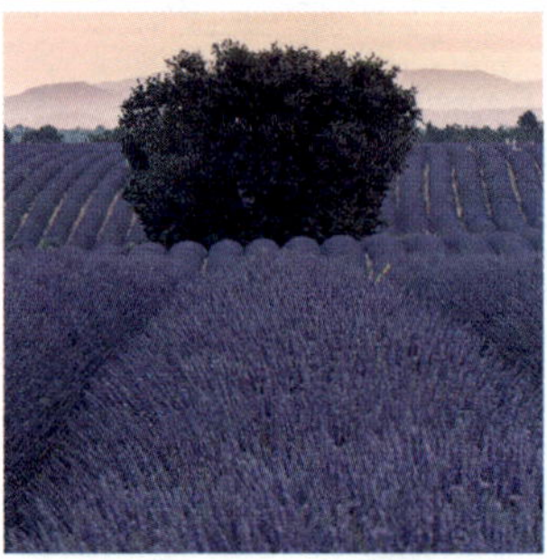

Zeit	**Flug: 1 h 25 min**
Distanz	**424 km**
CO_2	**150 kg**

7

Mit den 149,2 Kilogramm CO_2, die du durch den Besuch des nahen Lavendelfeldes eingespart hast, kannst du 54 Tage eine Eineinhalbzimmerwohnung heizen.

Wiedlisbach Kanton Bern

Zug: 0 h 54 min	Zeit
83 km	Distanz
0,8 kg	CO_2

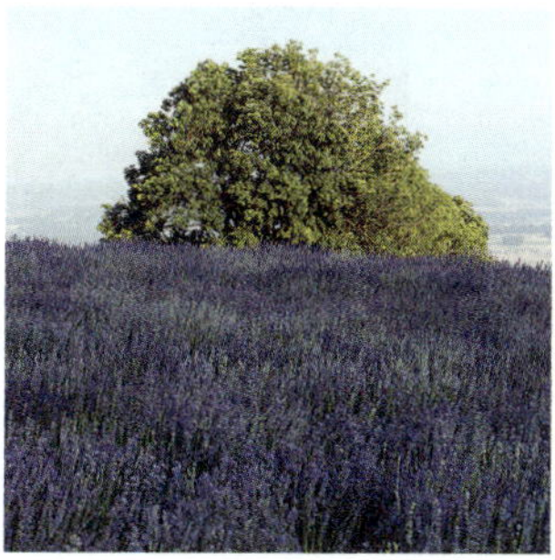

Fitz Roy

Argentinien

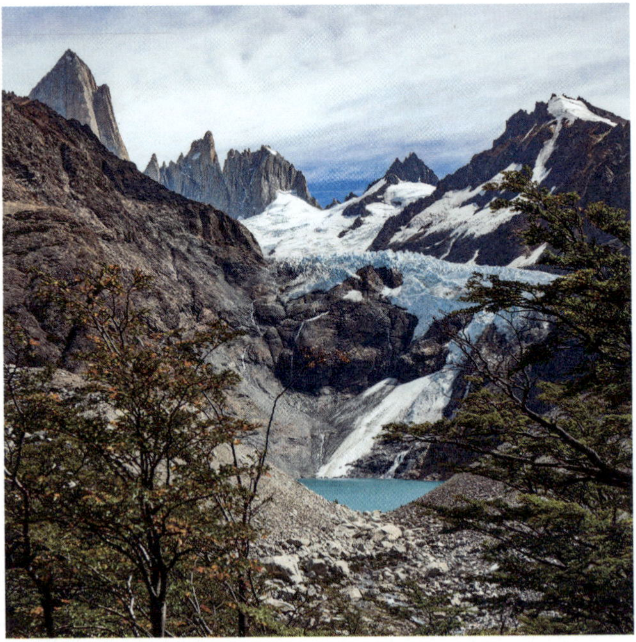

8

Morteratsch-gletscher

Kanton Graubünden

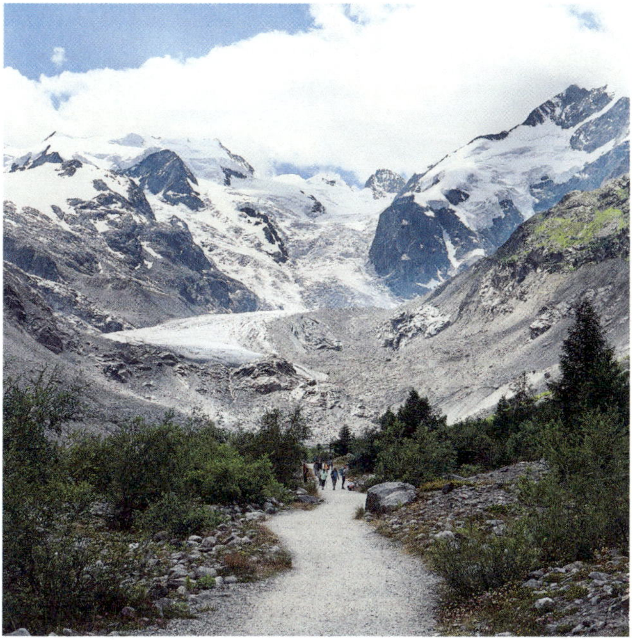

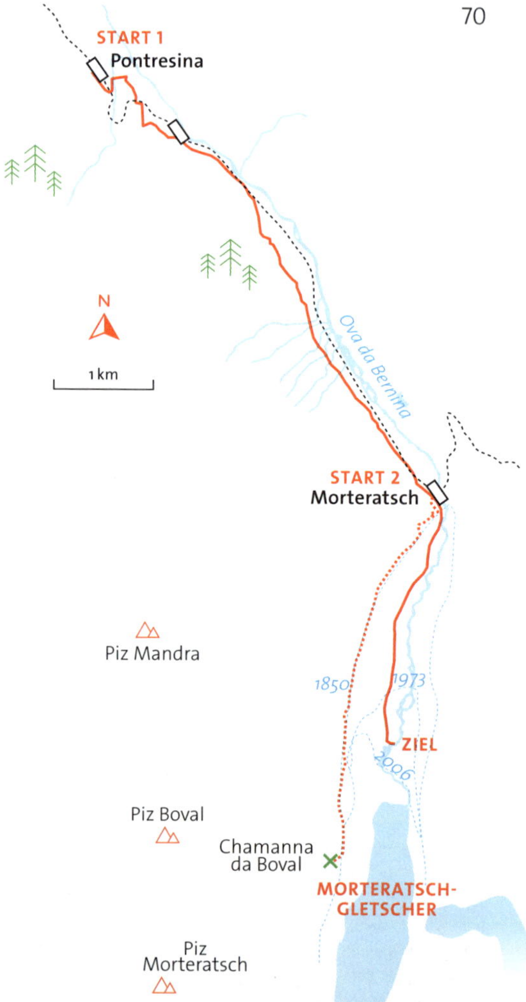

Charakter der Wanderung

- leichte Wanderung
- Wanderzeit 3 h 15 min
- Strecke 12,2 km
- 350 m hoch
- 225 m runter
- Trekkingschuhe

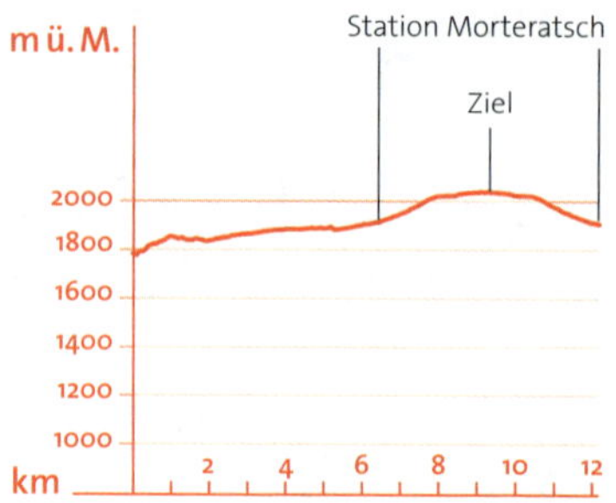

Maja und ich haben uns vorgenommen, zu einem Gletscher zu wandern.

Aber ist das überhaupt möglich mit nichts weiter als Wanderschuhen und durchschnittlicher Kondition?

Wir haben recherchiert und herausgefunden: Der Morteratschgletscher ist so bequem zugänglich, dass man eigentlich gar keine Ausrede hat, dort nicht hinzugehen.

Damit es uns auf der langen Zugfahrt nicht langweilig wird, haben wir beide ein Buch eingepackt, ich einen Krimi, Maja ein dickes Buch übers Klima.

»Willst du das wirklich den ganzen Weg mitschleppen?«, frage ich skeptisch, als wir in Pontresina aussteigen.

Maja nickt überzeugt. »Ich habe viel übers Reisen nachgedacht. Wie wenig wir an die Konsequenzen denken, wenn wir unser Reiseziel auswählen, wie übertrieben es ist, für einen schönen Strand um die halbe Welt zu fliegen. Darum lese ich das Klimabuch: Ich will mehr darüber wissen, warum es sich lohnt, am Boden zu bleiben.«

Ich nicke ihr zu. Wir laufen los, um zu schauen, was vom Gletscher noch übrig ist.

Um den Morteratsch zu entdecken, gibt es zwei Möglichkeiten. Die gemütliche Variante verläuft vom Bahnhof Pontresina durch einen lichten Wald bis zum Bahnhof Morteratsch. Von dort aus führt der Weg über das Gesteinsfeld, das bis vor wenigen Jahrzehnten noch meterhoch unter Eis lag. Unterwegs hat man einen spannenden Blick auf den Gletscher. Die Route endet einige Höhenmeter unter dem Gletscher, sodass man besser vorher auf einer der zahlreichen Bänke Mittags-

Reisetipp: Das Wort »verzichten« ist uns immer wieder begegnet. »Oh, ihr verzichtet aufs Fliegen?« Aber unsere Reisen fühlten sich nicht nach Verzicht án. Im Gegenteil, die Routen einzuzeichnen, Snacks auszusuchen, mit anderen Leuten auf dem Campingplatz die Glut zu teilen oder mal wieder auf Französisch einen *café* zu bestellen – das ist doch pures Reisefeeling!
Trotzdem ist uns bewusst, dass, wenn wir uns als Einzelpersonen schon Mühe geben und unsere Reise- und anderen Gewohnheiten anpassen, es fairerweise auch Regeln für die Wirtschaft und die ganze Gesellschaft braucht, da sie einen riesigen Einfluss aufs Klima haben. Wer wählen und abstimmen darf, kann diese Stimme nutzen, um die Regeln so anzupassen, dass der Planet lebenswert bleibt.

pause macht. Die Wanderung endet mit dem Rückweg zum Bahnhof Morteratsch.

Die anspruchsvollere Variante beginnt beim Bahnhof Morteratsch und steigt in die Höhe bis zur SAC-Hütte Chamanna da Boval. Achtung, diese Wanderung ist anspruchsvoll, wird als T3 eingestuft. Außerdem ist die Hütte nicht ganzjährig geöffnet. Wer also ein Stück Kuchen genießen möchte, sollte im Voraus unbedingt die Öffnungszeiten eruieren. Von der Hütte hat man jedenfalls einen Adlerhorstblick auf die verbliebenen Eismassen des Morteratschgletschers und kann sehen, wie stark sein Rückzug ist.

Maja und ich entscheiden uns für die flache Variante. Den Weg von Pontresina nach Morteratsch bringen wir ohne Pause hinter uns.

Beim Bahnhof Morteratsch erhaschen wir den ersten Blick auf den Gletscher und sehen gleich darauf das riesige Gesteinsfeld darunter. Eine seltsame Stimmung macht sich bei uns breit. Wir laufen schweigend weiter.

Erst bei einem großen Stein, auf dem ein Pfeil und die Jahreszahl 2006 aufgemalt wurden, bleiben wir stehen.

»Hier war der Gletscher 2006. Das war vor noch nicht mal zwanzig Jahren«, sage ich.

Plötzlich spüren wir eine Erschöpfung, die nichts mit den zurückgelegten Kilometern zu tun hat.

Wir machen bei Bänken in der Nähe halt. Von hier haben wir einen Blick auf die Abbruchkante des Gletschers.

»Wir dürfen nicht aufgeben«, meint Maja und klopft auf ihren Rucksack mit dem dicken Buch darin. »Ohne Gletscher gerät so vieles durcheinander. Wir müssen uns weiter gegen die Klimaerhitzung einsetzen, mit aller Kraft. Wir müssen das Auto gegen Velo, Zug und Bus tauschen. Mehr pflanzenbasierte Nahrung essen, wir könnten eine Solaranlage auf dem Dach installieren – und außerdem generell weniger Energie verbrauchen. Und an Klimademos laut unsere Meinung sagen!«

Wir schmunzeln beide. Laut sein, das können wir gut.

Etwas leichteren Schrittes marschieren wir weiter bis zum Ende des Weges.

Dann drehen wir um, laufen zurück zum Bahnhof und sind froh, dass wir in den letzten Monaten so viele einzigartige Orte entdecken durften, für die wir kein Flugzeug gebraucht haben.

Los geht's!

DAFÜR LOHNT ES SICH, ZU KÄMPFEN UND WENIGER ZU FLIEGEN.

Fitz Roy Argentinien

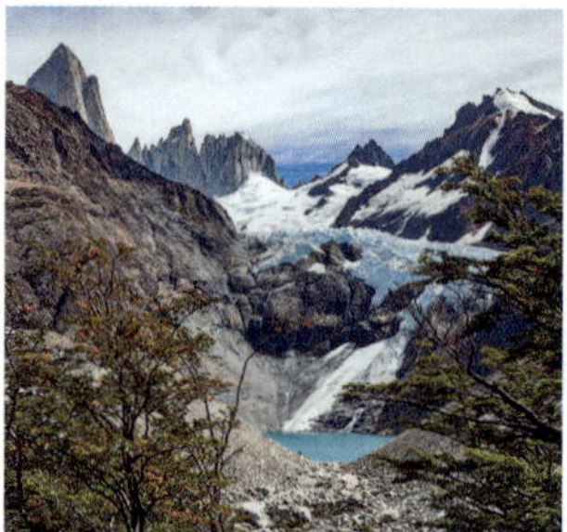

Zeit **Flug: 40 h**

Distanz **13 300 km**

CO_2 **2864 kg**

8

Du hast heute einen Gletscher in der Schweiz besucht, anstatt nach El Calafate zu fliegen. So hast du 2336 Kilogramm CO_2 eingespart und mitgeholfen, den Gletscher vor seinem Verschwinden zu bewahren. Es braucht uns alle, damit der Morteratschgletscher auch künftigen Generationen erhalten bleibt.

Morteratschgletscher Kanton Graubünden

Zug: 3 h 13 min	Zeit
140 km	Distanz
8 kg	CO_2

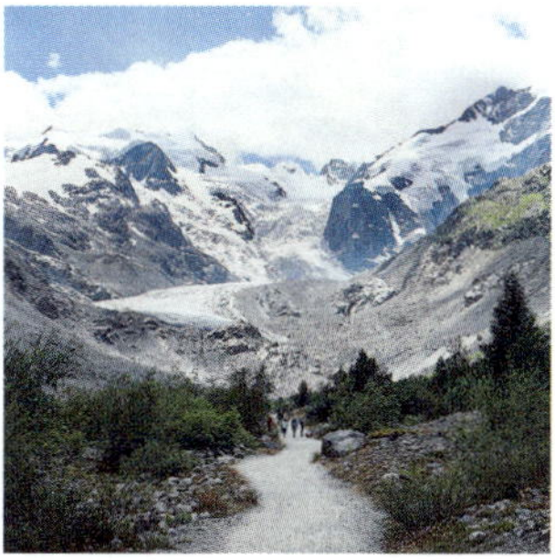

Fjordküste

Norwegen

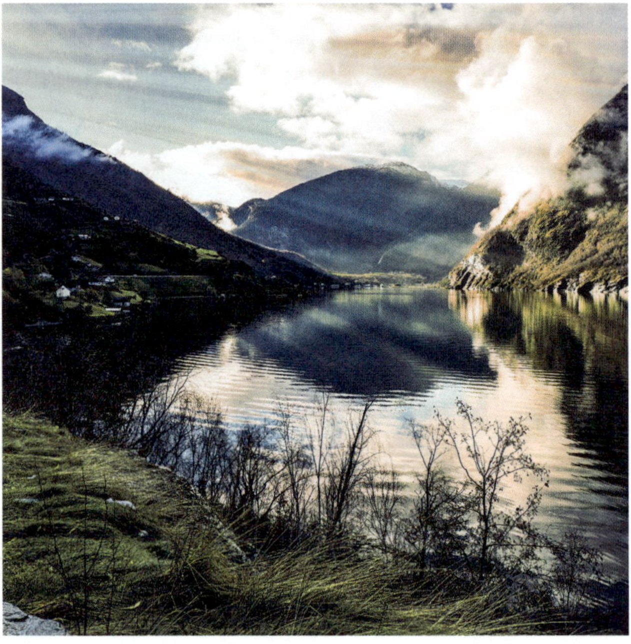

9

Seealpsee

Kanton Appenzell Innerrhoden

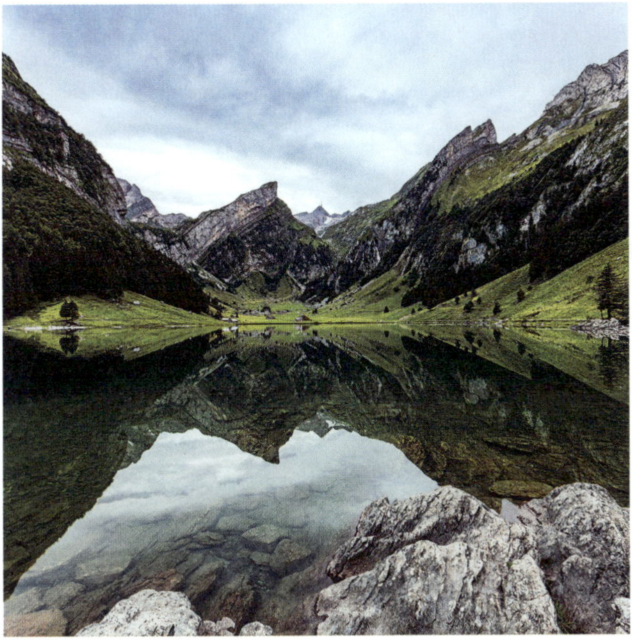

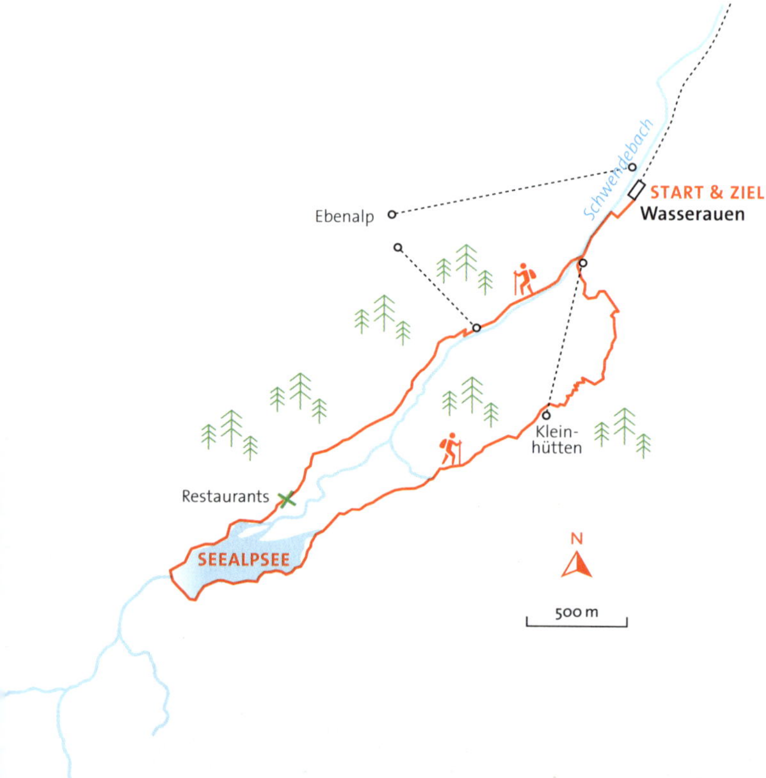

Charakter der Wanderung

- leichte Wanderung
- Wanderzeit 2 h 30 min
- Strecke 7,8 km
- 365 m hoch
- 365 m runter
- Trekkingschuhe

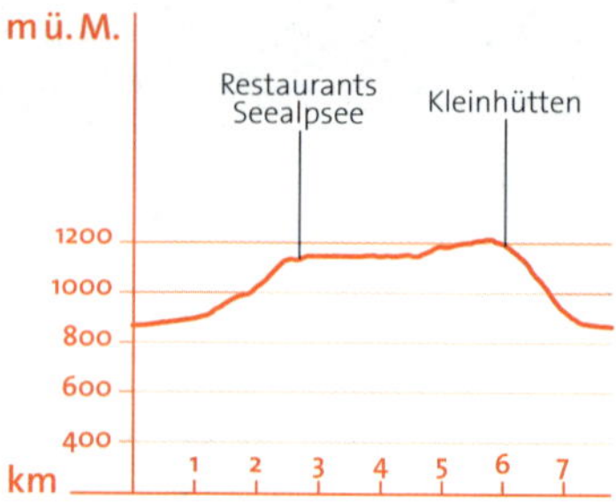

Die Ostschweiz kennen wir beide nicht.

Wir wissen, dass sie existiert, dass dort viele Äpfel wachsen. Und sonst?

»Wir fahren bis zur Endstation. Der Ort heißt Wasserauen«, erkläre ich Maja.

Wenig später merken wir, dass wir nicht die Einzigen sind, die ins Güggerühü fahren wollen. Der kleine Regionalzug ist rappelvoll. Von der Familie mit kleinen Kindern bis hin zum Frauenturnverein ist alles dabei. Im Mittelgang liegen Wanderstöcke, Rucksäcke und in Alufolie eingepackte Sandwiches.

Maja und ich entdecken noch zwei freie Plätze in einem Abteil.

»Das nächste Mal gehen wir wieder bei Regen wandern«, sagt Maja.

Sie hat recht. Verantwortlich dafür, dass so viele Leute unterwegs sind, ist sicher auch das Wetter, warm und sonnig. Alle wollen raus.

Alle wollen nach Wasserauen. Denn von Wasserauen aus führen gleich mehrere Wanderwege in die Bergwelt. Zum einen kann man die anspruchsvolle Wanderung zum berühmten Berggasthaus Aescher machen zum anderen – so wie wir – die einfachere, sicherere, aber nicht minder spektakuläre Variante zum Seealpsee wählen.

Maja und ich montieren Hüte und Sonnenbrillen und saugen die frische Bergluft ein.

Es riecht nach Gras, Erde und Abenteuer. Also fast wie in einem Fjord in Norwegen – fast.

Ich greife in das Außenfach meines Rucksackes und halte Maja das kleine, mit Meersalz gefüllte Konfitüreglas unter die Nase.

»Was soll das?«, fragt sie irritiert.

»Fürs Fjord-Feeling«, erkläre ich.

Beim Bahnhof Wasserauen wenden wir uns nach links und steigen zuerst dem Flusslauf des Schwendebachs entlang aufwärts.

Dabei diskutieren wir über den Unterschied zwischen Seen und Fjorden und verpassen fast den Wegweiser, wo wir uns entscheiden müssen, ob wir den nördlichen oder den südlichen Talhang hochlaufen wollen. Da beide Varianten nett aussehen, werfen wir eine Münze und biegen rechts auf den nördlichen Weg entlang des Schwendebachs ab. Danach verlassen wir uns auf die Wegweiser, die uns in regelmäßigen Abständen anzeigen, wie weit wir schon gekommen sind.

Der Aufstieg zum See dauert rund eine Stunde und bringt uns gehörig ins Schwitzen. Doch der Weg ist breit und nicht exponiert, sodass man sich gut ins Gespräch vertiefen kann. Die Zeit vergeht uns schneller als gedacht.

Nach einer Stunde kommen wir ein bisschen erschöpft, dafür mit breitem Lächeln beim Seealpsee an. Langgezogen und schmal hat sich dieser zwischen den hohen Bergen sein Bett geformt.

»Schön«, sagt Maja. »Da kommt auch ohne dein Salzglas Fjord-Feeling auf.«

Obwohl wir beide noch nie einen echten Fjord gesehen haben, fühlen wir uns in diesem Moment ganz weit weg.

Als Belohnung für den Aufstieg gönnen wir uns eine Erfrischung in einem der Restaurants mit See-

Reisetipp: Auf 1500 Metern kann von September bis Mai Schnee fallen und liegen. Das gilt für die Wanderungen Creux du Van, Berglistüber, Simmenfälle, Morteratsch und Seealpsee. Es lohnt sich also, sowohl bei der Planung als auch kurz vor dem Start der Wanderung nachzuschauen, ob auf der geplanten Strecke Schnee liegt. In der MeteoSwiss-App ist die aktuelle Schneesituation unter »Sport & Gesundheit« aufgeführt. Sollte Schnee liegen, empfehlen wir leichte Wanderungen, die man jederzeit abbrechen kann. Unsere zwei Stadtwanderungen zum Hafen in Basel und zur Allee in Solothurn sind auch bei leichter Schneedecke gut begehbar.

blick und setzen uns danach für ein Picknick an den See. Auf dem Menüplan unter anderem Gurke mit Meersalz, Tomaten mit Meersalz und Pumpernickelscheiben mit Meersalz.

Danach umrunden wir den See, was rund 40 Minuten dauern könnte, aber dank unserer vielen Fotopausen etwas länger.

Anschließend machen wir uns an den Abstieg. Dieser erfordert etwas mehr Konzentration, da die Wege schmaler sind. Aber auch das ist für Einsteiger:innen gut bewältigbar, und die Anstrengung wird mit vielen herrlichen Ausblicken ins Appenzellische belohnt.

Unten angekommen legen wir uns in die Wiese, bis der Zug einfährt, und wir uns einig sind: Die Ostschweiz kann was!

Bereit für einen neuen Lieblingsort?

FÜR FJORD MUSS MAN NICHT WEIT FORT.

Fjordküste Norwegen

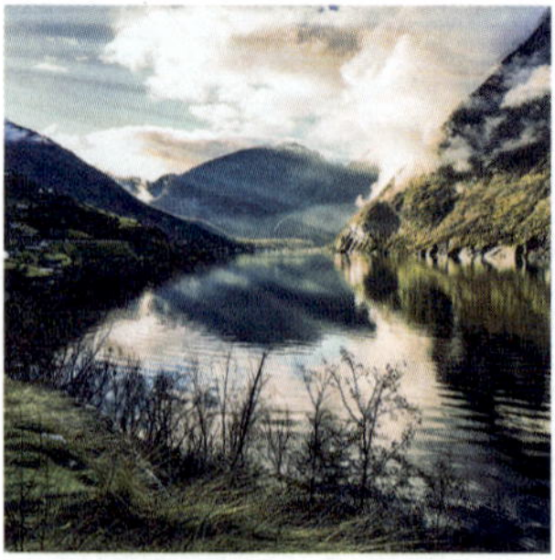

Zeit **Flug: 2 h 30 min**

Distanz **1628 km**

CO_2 **390 kg**

9

Gleiches Feeling, komplett andere CO_2-Bilanz: Du verhinderst den Ausstoß von 389 Kilogramm CO_2. Das ist so viel wie bei 1282 Kilometer Fahrt mit einem Benzinauto.

Seealpsee Kanton Appenzell Innerrhoden

Zug: 2 h 03 min	Zeit
104 km	Distanz
1 kg	CO_2

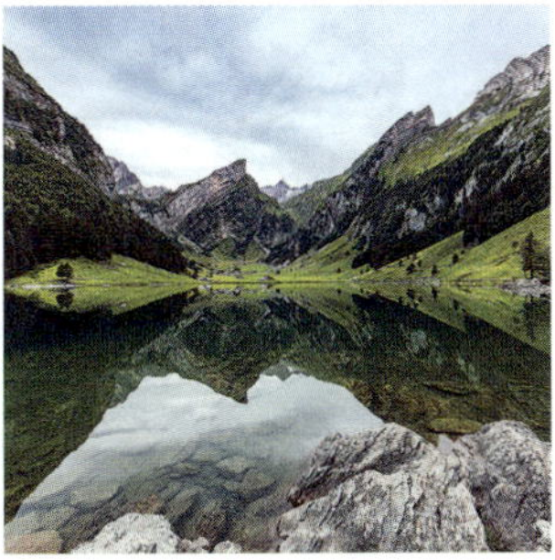

Levadas

Madeira

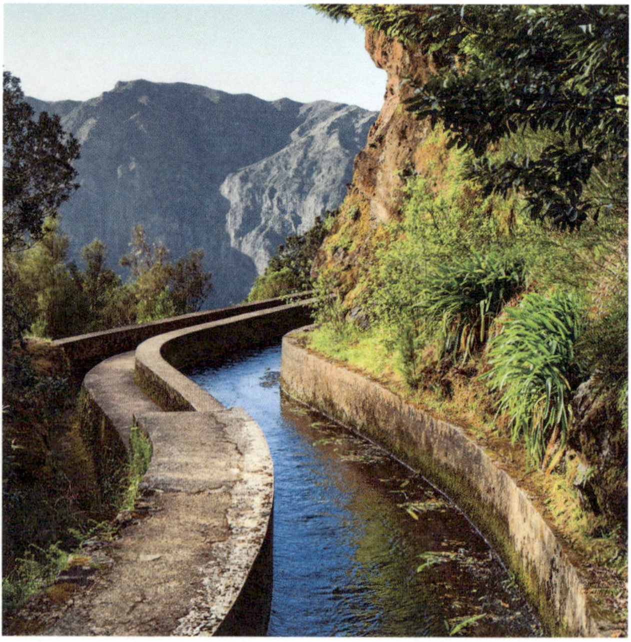

Suonen

Kanton Wallis

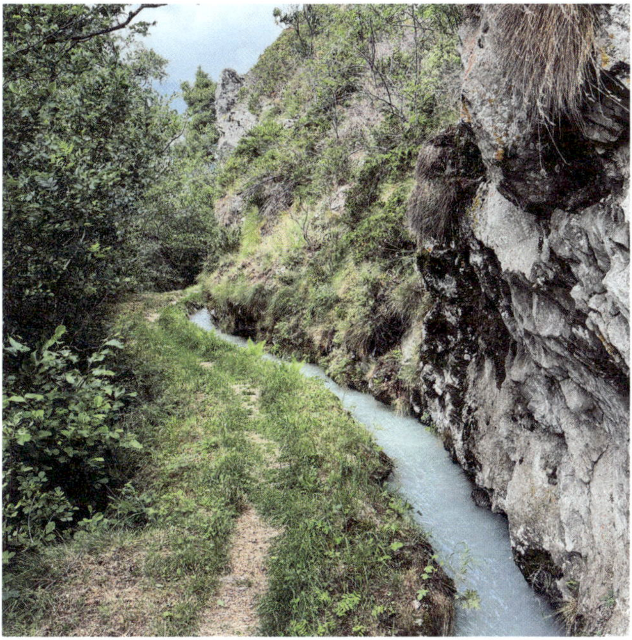

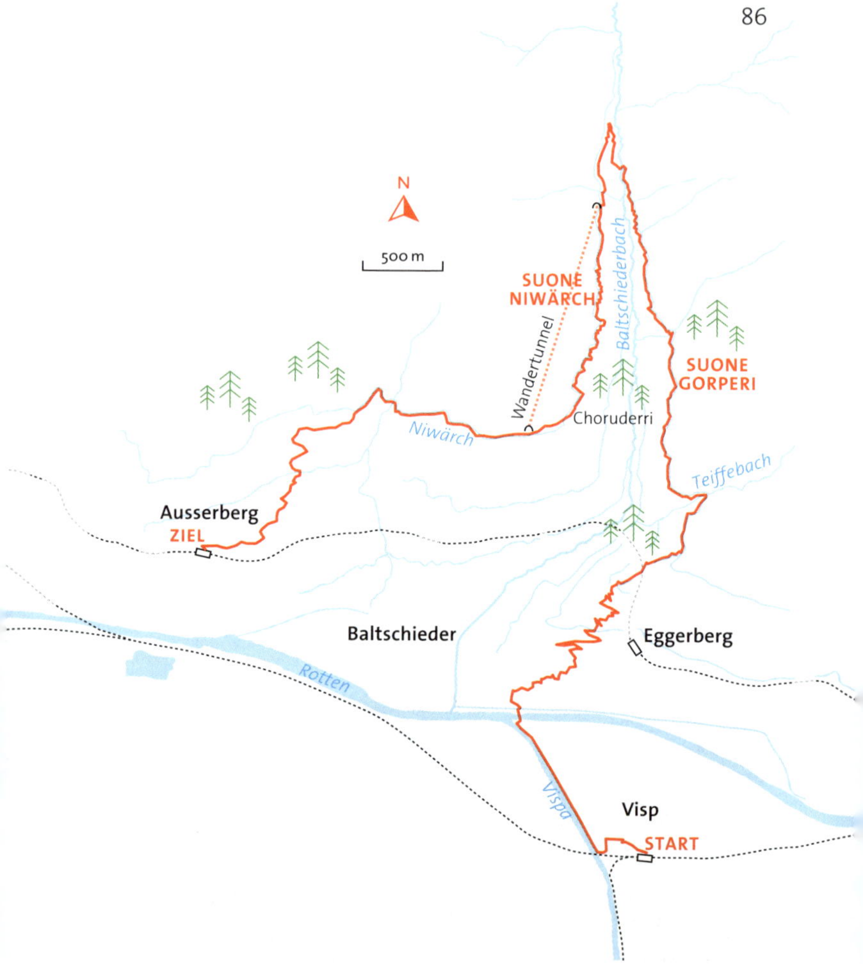

Charakter der Wanderung

- schwierige Wanderung
- Wanderzeit 4 h 45 min
- Strecke 14,3 km
- 800 m hoch
- 520 m runter
- Trekkingschuhe

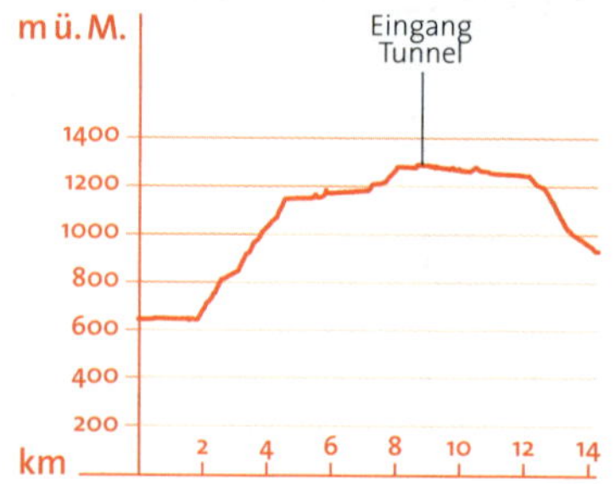

10

»Klaustrophobie versus Höhenangst – das ist nicht dein Ernst, oder?«

Maja schaut von ihrem Handy hoch. Auf der digitalen Wanderkarte ist dort, wo wir stehen, eine Weggabelung eingezeichnet. Entweder folgen wir einem Weg, der sich an die steile Bergflanke drückt, oder der langen, fadengeraden Route, die sich als Wandertunnel entpuppt.

Ein Tunnel! Er ist etwa zwei Meter breit und so lang, dass sich das Licht am anderen Ende des Tunnels nur erahnen lässt.

»Hier mitten im Wallis trennen sich also unsere Wege«, sage ich betont dramatisch.

Fakt ist, Maja mag keine steilen Abhänge und ich keine engen Räume.

»Oder wir machen es so«, ruft Maja, »wir stellen uns unseren Ängsten. Ist es nicht genau das, was wir beim Reisen suchen? Einen Ausbruch aus der Komfortzone? Das heißt: Du stellst dich im Tunnel deiner Klaustrophobie und ich mich am Hang meiner Höhenangst.«

Ich stöhne auf. Eigentlich hat doch diese Wanderung – und die Idee dazu – idyllisch gestartet.

Vor kurzem hat eine Kollegin von mir ein Ferienfoto gepostet. Darauf ist sie breit lächelnd in den Bergen abgebildet, rundherum grüne Wälder und neben dem schmalen Weg eine Wasserleitung.

Na klar, die Suonen im Wallis, habe ich sofort gedacht, kennt man doch von der Hunderternote. Wie war ich erstaunt, als ich die Ortsangabe las!

Sofort habe ich Maja geschrieben. »Lust auf Madeira im Wallis?«

Als Antwort erhielt ich einen Daumen hoch und ein Weintrauben-Emoji.

Zwei Stunden vorher: In Visp verlassen wir den Bahnhof auf der Nordseite. Hier halten wir uns links, bis wir den Flusslauf der Vispa erreichen und ihr bis zur Mündung in die Rhone folgen. Auf der anderen Seite der Rhone führt die Route in den Weinbergen vorbei an sonnengebräunten Holzhäusern.

Man gewinnt schnell an Höhe, die Rhone ist bald nur noch ein grauer Strich auf dem Talgrund. Die letzten Höhenmeter führen durch einen Wald, bis man endlich das Gluckern des Wassers in den Suonen hört. Die Wasserleitung wird für den Rest der Wanderung unser treuer Begleiter bleiben.

Suonen findet man in der Schweiz größtenteils im Wallis und vereinzelt im Tessin, wo das Klima so trocken ist, dass sich die gefährliche und aufwendige Installation und Instandhaltung der Suonen über Jahrhunderte hinweg gelohnt hat.

Weltweit gibt es an vielen trockenen Orten vergleichbare Systeme, so auch in Madeira, das mit seinen hügeligen, grünen Landschaften gleich doppelt ans Wallis erinnert.

Die Gorperi-Suone führt uns hinein ins Baltschieder Tal, wo wir den Baltschiederbach überqueren und an der Niwärch-Suone weiterwandern, bis wir beim 1,5 Kilometer langen Tunnel ankommen.

Reisetipp: Apps sind praktisch und erleichtern einem das Leben. Wenn du dich herausfordern möchtest, nimm dir vor, mal eine Wanderung ohne Handy-Check zu machen. Drucke den passenden Kartenabschnitt zu Hause aus – du findest ihn zum Beispiel auf wanderland.ch –, und zeichne die Route mit einem Stift ein; dann notiere dir die Zugverbindungen für die Hin- und Rückfahrt! Stecke beim Wanderstart die Karte dort ein, wo du normalerweise dein Handy trägst, und verstaue dein Smartphone tief im Rucksack! Eine Route wie die zu den Suonen eignet sich besonders gut, da dich unterwegs nicht viele Abzweigungen erwarten. Wie weit kommst du ohne elektronische Hilfsmittel?

»Boa sorte«, sagt mir Maja, »das heißt viel Glück auf Portugiesisch. Wir sehen uns auf der anderen Seite.«

Ich nicke ihr zu, schalte die Taschenlampenfunktion meines Handys an und verschwinde zusammen mit dem gluckernden Wasser im Dunkeln.

Auf der anderen Seite des Tunnels, wo die Wege wieder zusammenführen, warte ich einige Minuten, bis Maja mir hüpfend entgegenrennt.

Wir fallen uns in die Arme.

»Das können wir dann wohl unter Adventure-Selbstfindungstrip verbuchen«, sagt Maja.

Ich stimme ihr zu.

Der Weg führt uns nach Ausserberg, wo wir nach einem Abendessen den Zug nach Visp und dann nach Hause nehmen.

Wichtig: Die Suonen führen während der Sommermonate im Normalfall Wasser (außer bei Ausbesserungsarbeiten). Die Wanderung ist natürlich auch ohne das Gluckern der Wasserleitungen wunderschön. In beiden Fällen gilt: Für den Tunnel sollte man auch ohne Klaustrophobie eine Taschenlampe dabeihaben.

Scannen, planen, loswandern!

RAUS AUS DER KOMFORT-ZONE – GANZ OHNE FLUGZEIT

Levadas Madeira

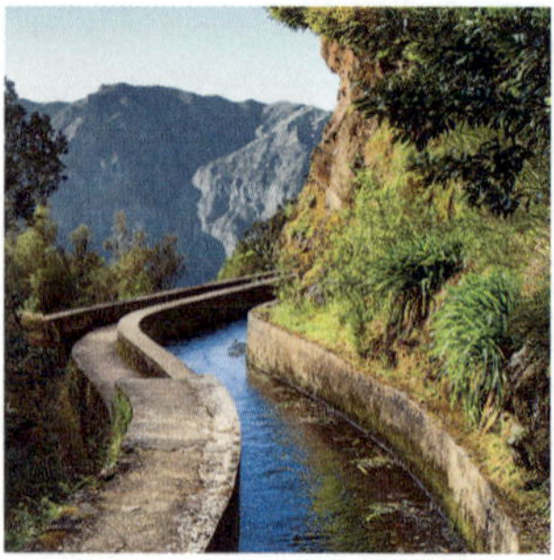

Zeit	**Flug: 7 h**
Distanz	**2700 km**
CO_2	**672 kg**

10

199,5 Kilogramm CO_2 wurden nicht ausgestoßen, weil du dem Wasser im Wallis zugehört hast, anstatt nach Madeira zu fliegen. Das entspricht dem CO_2-Äquivalent, das ausgestoßen wird, wenn man 14 Liter Wasser auf 60 Grad Celsius erwärmt.

Suonen Kanton Wallis

Zug: 2 h	Zeit
130 km	Distanz
7,5 kg	CO_2

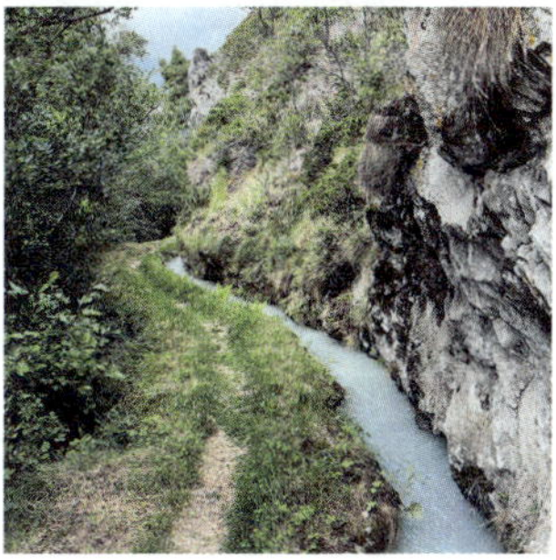

Punakha-Brücke

Bhutan

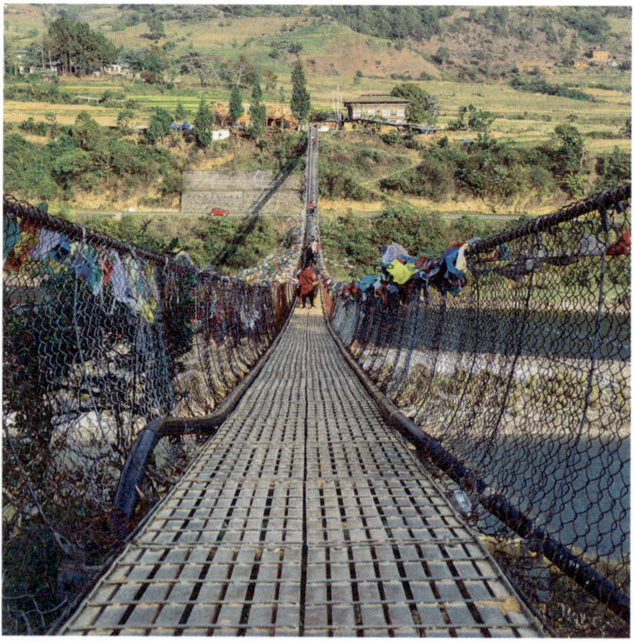

Bhutanbrücke

Kanton Wallis

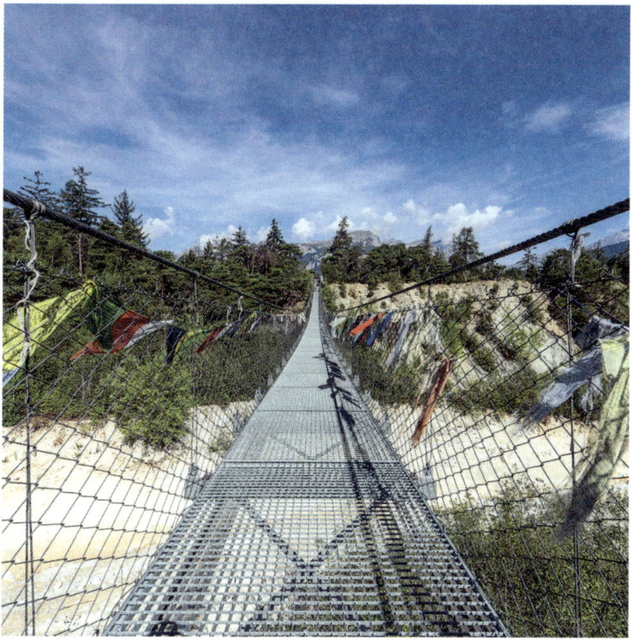

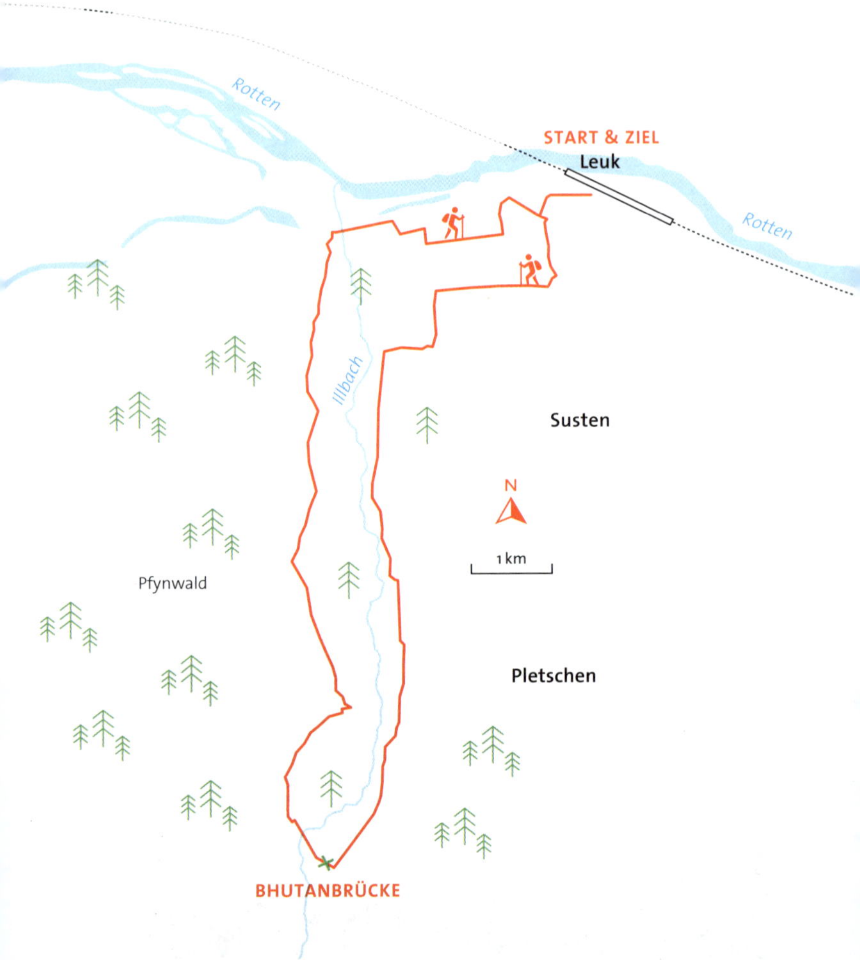

Charakter der Wanderung

leichte Wanderung

Wanderzeit 2 h

Strecke 6,7 km

275 m hoch

275 m runter

Trekkingschuhe

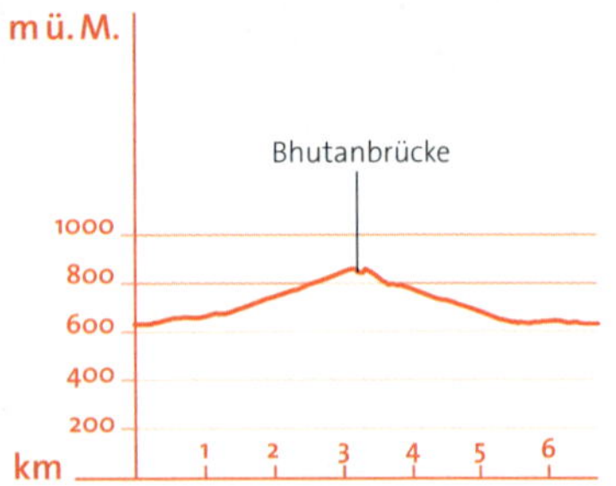

Maja ist ohne mich nochmals ins Wallis losgezogen.

Ich lag währenddessen mit triefenden Nasenlöchern und kalten Füßen krank im Bett.

Als meine Erkältung endlich überstanden ist, treffen Maja und ich uns auf einen Kaffee in Bern. Noch bevor wir uns aufs Sofa setzen, platzt sie heraus:

»Ich habe mich verlaufen!«, sagt sie. »Du weißt doch, dass mir das sonst nie passiert.«

Das weiß ich tatsächlich. Schon immer ist Maja beim Wandern zielsicher marschiert, die Karte nicht nur zur Deko, sondern als sichere Informationsquelle in der Hand. Am Ende einer Wanderung kann sie einem genau sagen, wo welcher Berg liegt – während ich nicht mal weiß, in welchem Kanton wir überhaupt waren.

Umso erstaunlicher also, dass ihr das ausgerechnet auf dieser doch eher einfachen Wanderung passiert ist.

»Schmerzhafte Erfahrung?«, frage ich.

»Geht schon. War ja auch nicht meine Schuld. Das Wanderschild beim Bahnhof Leuk ist entweder nicht da oder saugut versteckt.«

Ich nicke verständnisvoll.

»Und die Brücke?«

Sie nimmt einen großen Schluck Kaffee und wartet einen Moment, bis sie antwortet. »War schön.«

»Schön?«

»Ja, schön halt!«

»Ich muss einen Text dazu schreiben, ich brauche schon ein bisschen mehr Infos als nur schön. Sah es aus wie in Bhutan?«

Beim Bahnhof Leuk läuft man zuerst zum Parkplatz und folgt dort den Wanderwegweisern, um auf die andere Seite der Kantonsstraße zu gelangen.

»Die Route durch den Ortsteil Susten hoch zur Brücke ist nicht allzu spektakulär. Sie führt zuerst durch Siedlungsgebiet, dann durch den Wald.«

»Den Pfynwald?«

»Ja genau. Ich hätte nicht damit gerechnet, dass der so groß ist. War aber wirklich schön.«

Ich ziehe erstaunt die Augenbrauen hoch. »Ich dachte, dir gefallen Wanderwege mit Wäldern nicht?«

»Ja, weil sie mir die Aussicht auf die Berge nehmen. Aber dort besteht der Wald nicht aus Laubbäumen, sondern aus Föhren.«

»Natürlich. Der Pfynwald ist einer der größten zusammenhängenden Föhrenwälder des gesamten Alpengebiets.«

»Danke, Frau Lehrerin. Dass genau dort eine Brücke mit farbigen Gebetsfahnen steht, ist schon verrückt.«

»Übrigens wurde sie in Zusammenarbeit mit dem Königreich Bhutan gebaut. Sie verbindet den französischen mit dem deutschen Kantonsteil.«

»Es hat schon was, wenn der Wind weht und die ganzen Fahnen flattern«, sagt Maja. Und nach einer kurzen Pause: »Zurück nach Leuk führt der Weg übrigens fast nonstop durch den Wald. Ein bisschen verwirrend ist, dass auf den gelben Wanderwegweisern immer mehrere Optionen ohne Zeitangabe angegeben sind. Alle Wege führen zurück zum Bahnhof Leuk, aber du kennst mich, ich

Reisetipp: Vieles machen wir in unserem Alltag alleine. Wandern gehört allerdings selten dazu. Maja und ich genießen die gemeinsame Zeit auf unseren Wanderungen sehr. Aber alleine unterwegs zu sein, hat ebenso seinen Reiz. Die Gedanken können frei ziehen, man achtet auf andere Dinge, nimmt den eigenen Körper stärker wahr. Die Idee zu diesem Buchprojekt kam Maja übrigens auf einer Solowanderung. Darum nimm dir Zeit für dich, und zieh auch mal alleine los!

habe jedes Mal auf der Karte gecheckt, welcher Weg jetzt wo entlanggeht, obwohl ich ja einfach den Wegweisern hätte folgen können.«

»Und das Wetter?«

»War warm! Da kam mir der Schatten im Wald gerade recht. Auch sonst ist die Wanderung nicht allzu schweißtreibend. Wirklich gemütlich. Wenn wir zu zweit gewesen wären, hätten wir noch mit dem Bus nach Leuk fahren können, um durch die Sträßchen zu schlendern und Wein zu trinken oder so. Aber alleine habe ich mich mit einer Glace begnügt.«

Ich notiere alles, was sie erzählt.

Nächstes Jahr werde ich bestimmt auch zur Bhutanbrücke gehen, vielleicht sogar im Herbst, wenn die Reben auf der gegenüberliegenden Talseite golden leuchten.

Packliste schon geschrieben?

HIMALAYA-FEELING MITTEN IM WALLIS

Punakha-Brücke Bhutan

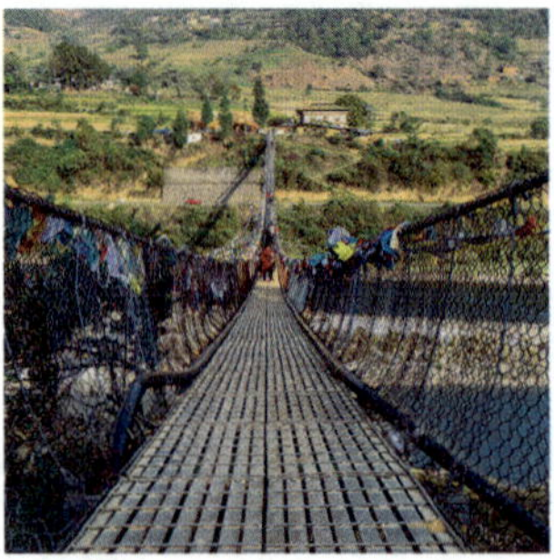

Zeit	**Flug: 35 h +**
Distanz	**7219 km**
CO_2	**1840 kg**

Schön, dass du dich in der Schweiz zwischen grünen Föhren nach Bhutan hast entführen lassen. So konntest du 1837,9 Kilogramm CO_2 einsparen, was der Produktion von 275 550 A4-Blättern entspricht.

Bhutanbrücke Kanton Wallis

Zug: 2 h 13 min	Zeit
207 km	Distanz
2,1 kg	CO_2

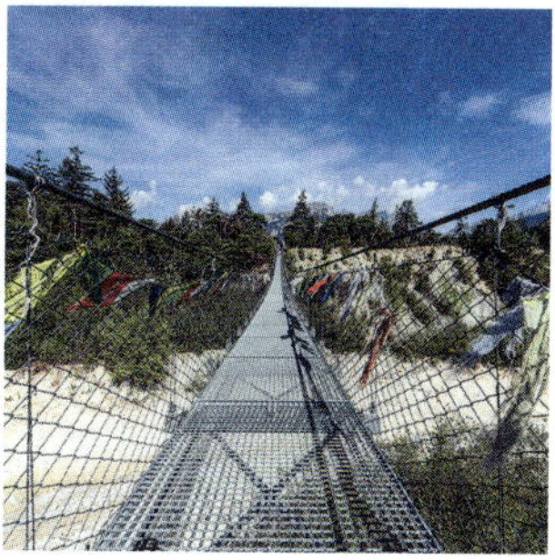

La Fortuna

Costa Rica

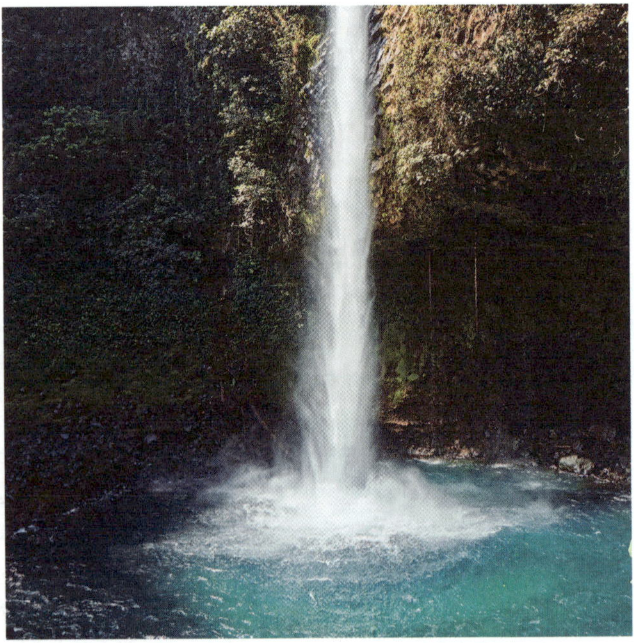

Berglistüber

Kanton Glarus

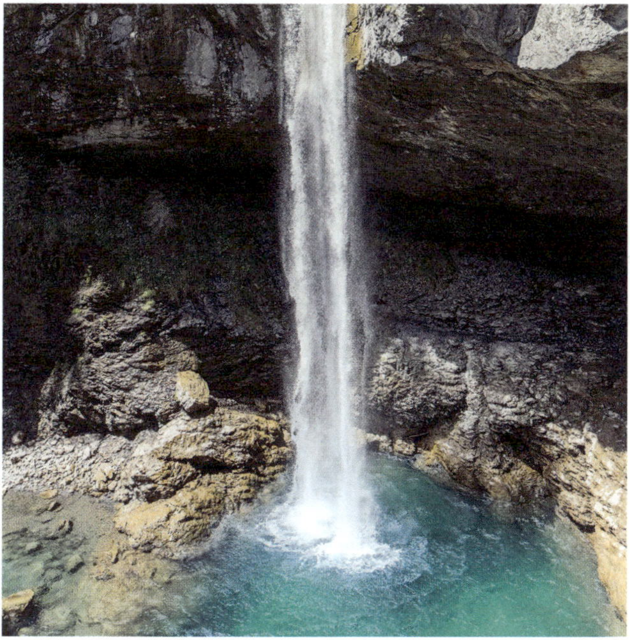

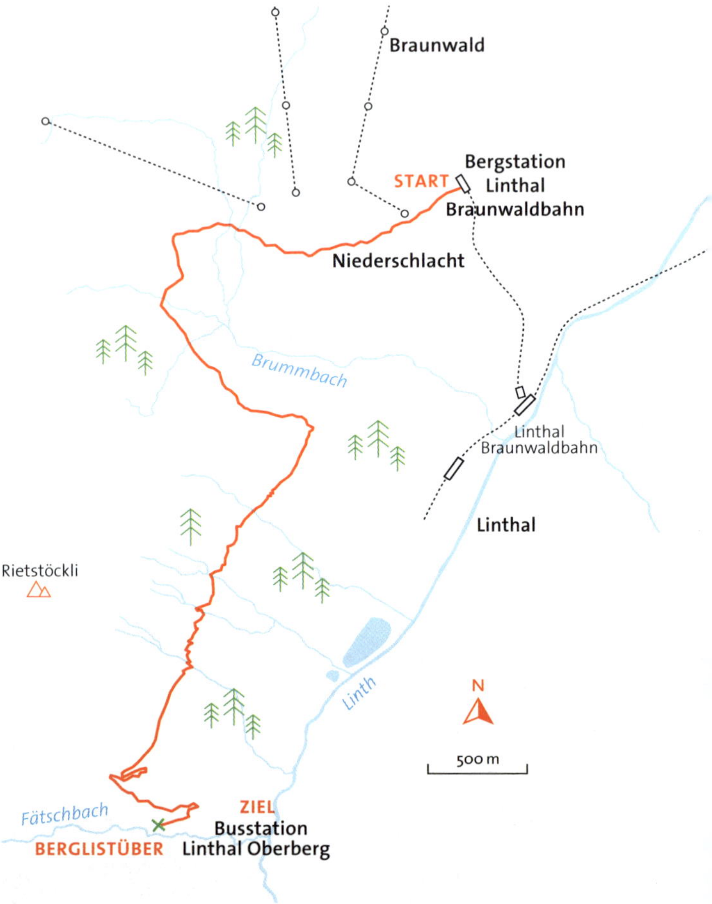

Charakter der Wanderung

- mittlere Wanderung
- Wanderzeit 2 h
- Strecke 7 km
- 155 m hoch
- 495 m runter
- Wanderschuhe

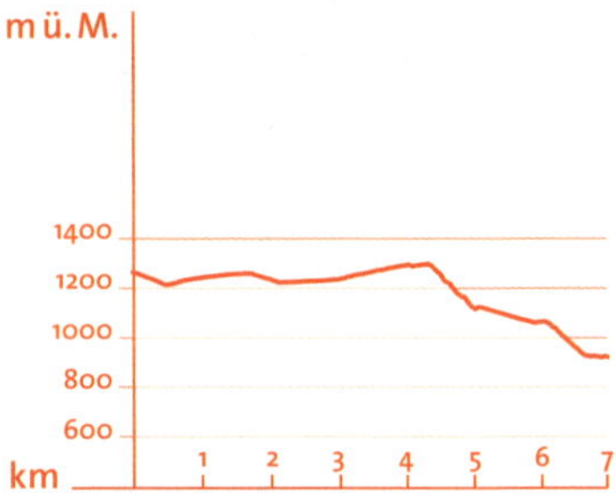

Ich kratze mich am Kopf und stöhne auf.

»Du weißt schon!«, sage ich.

Maja zieht gerade eine Packung Chips, Hummus und Brot aus dem Rucksack und legt alles auf das kleine Tischchen in unserem Zugsabteil.

»Mir fällt das Wort einfach nicht mehr ein«, sage ich. »Wie man das nennt, wenn etwas, also eine Landschaft, weit oben liegt und flach ist. Verstehst du?«

»Du meinst eine Bergterrasse?«

Ich schlage mit der Hand auf den Tisch. »Genau! Unsere Wanderung heute führt über eine Bergterrasse und dann zum Berglistüber, einem wirklich netten Wasserfall, der mich an meine Zeit in Costa Rica erinnert hat, wo ich in La Fortuna bei einem ähnlichen Wasserfall war. Mit dem erfreulichen Unterschied, dass wir hier nicht nach Schlangen Ausschau halten müssen.«

Das Tal wird mit jeder Zugminute enger. Die Hochebene ist von hier aus nicht zu sehen.

»Irgendwo dort oben?«, fragt Maja.

Ich bejahe.

Dann heißt es: »Nächster Halt: Linthal Braunwaldbahn«, und wir packen unsere Sachen wieder ein und steigen aus.

Ohne die Standseilbahn, die direkt neben dem Bahnhof losfährt, hätten wir diese Wanderung von unserer Liste gestrichen – zu anstrengend, zu lang wäre sie gewesen. Rund 1000 Höhenmeter sparen wir dank der Fahrt mit dem Bähndli und kommen so ohne Schweißvergießen zur Bergterrasse, auf der unsere Route startet.

Braunwald ist eines von nur ganz wenigen Dörfern in der Schweiz, das als autofrei gilt. Deswegen ist die Standseilbahn nicht nur für Wander:innen wie Maja und mich wichtig, sondern auch für die gut 300 Einwohner:innen von Braunwald essenziell.

Bei der Bergstation Braunwald beginnt die Route links, dem Nussbüel-Weg entlang.

Da die Wanderung bereits weit oben beginnt, verläuft sie lange mehr oder weniger eben.

Der Weg ist breit und verläuft mal durch Wald, mal über Wiesen, sodass man immer wieder in den Genuss dieser einmaligen Aussicht auf die wild aufgetürmten Gesteinsmassive kommt.

Die Wanderung ist gut ausgeschildert und dementsprechend auch für Einsteiger:innen leicht zu bewältigen – ohne dass man dabei auf ein Bergfeeling verzichten muss.

Irgendwann verlassen wir unsere Höhenlinie und steigen – abschnittsweise leider auch an einer ziemlich befahrenen Passstraße entlang – hinab.

In einer Kurve der Straße sehen wir einen kleinen Imbiss. Von dort aus zeigen diverse Wegweiser zum Berglistüber. Nur wenige hundert Meter weiter wartet er auf uns.

Bei diesem Wasserfall fliegt der Fätschbach über einen Felsvorsprung tosend in ein Becken, bevor er sich seinen Weg Richtung Linthal bahnt. Den Berglistüber kann man von einer Aussichtsplattform beobachten und sich dabei winzige glitzernde Tröpfchen ins Gesicht nieseln lassen. Besonders Abenteuerlustige können auf eigene

Reisetipp: Eigentlich sind Snacks allein schon Grund genug, eine Wanderung zu planen. Maja ist Team Chips, ich Team Gipfeli. Einig sind wir uns bei Keksen (je mehr, desto besser) und darin, dass man bereits im Zug auf der Anreise die erste Essenspause einlegen sollte. Wir empfehlen, schon beim Einkauf zu überlegen, womit man sich auf dem höchsten Punkt der Wanderung belohnen möchte. Wichtig ist, sowohl Süßes als auch Salziges mitzunehmen.

Gefahr – es ist ziemlich rutschig! – einem ungesicherten Pfad folgen, der hinter den Wasserfall führt.

»Und, fühlst du dich wieder wie in Costa Rica?«, fragt Maja.

»Un poco. Dort gab es mehr Wald als hier. Aber das ist nicht tragisch; ich genieße es sehr, hier zu sein.«

Wir liegen noch eine Weile auf der Aussichtsplattform und hören, wie die Leute kommen und gehen. Wir hören ganz verschiedene Sprachen: Deutsch, Französisch, Ukrainisch, einmal sogar ganz kurz Spanisch.

Zurück beim Imbissstand realisieren Maja und ich, dass wir den Bus, der uns über den Pass bringen sollte, gerade verpasst haben. Sei's drum.

Wir legen uns in die Wiese, genehmigen uns eine Glace und bewegen uns während der Wartezeit nur noch, um die Seiten unserer Bücher umzublättern.

Wem die Busfahrt über den Klausenpass bis nach Altdorf (Dauer: 1 h 45 min) zu viel ist, kann auch mit dem Bus wieder zurück nach Linthal fahren, was nur eine Viertelstunde dauert.

Für beide Varianten gilt es, gut auf die Zeit zu achten, da die Busse selten fahren. Wer den Bus verpasst, kann in einer Stunde auch zu Fuß zurück nach Linthal laufen.

Dein Abenteuer gleich um die Ecke!

TANZ IM NIESELREGEN DES WASSER-FALLS

La Fortuna Costa Rica

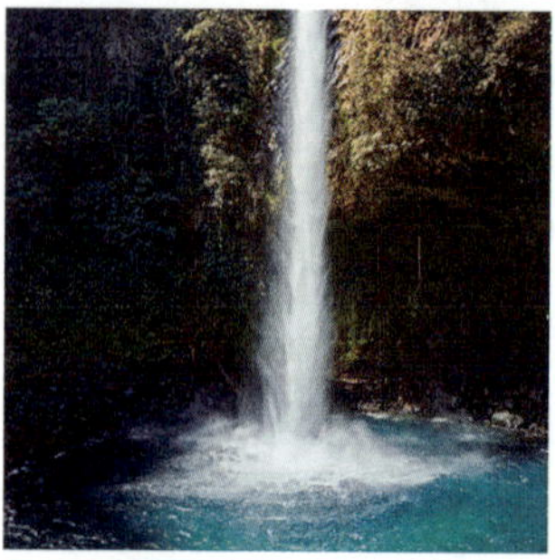

Zeit	**Flug: 10 h**
Distanz	**9413 km**
CO_2	**2670 kg**

12

Eine filmreife Kulisse gibt es auch ganz in der Nähe. Mit den 2669,2 Kilogramm CO_2, die du durch die Reise in der Nähe eingespart hast, könntest du rund 1500 Jahre Videos im 4G-Netz streamen.

Berglistüber Kanton Glarus

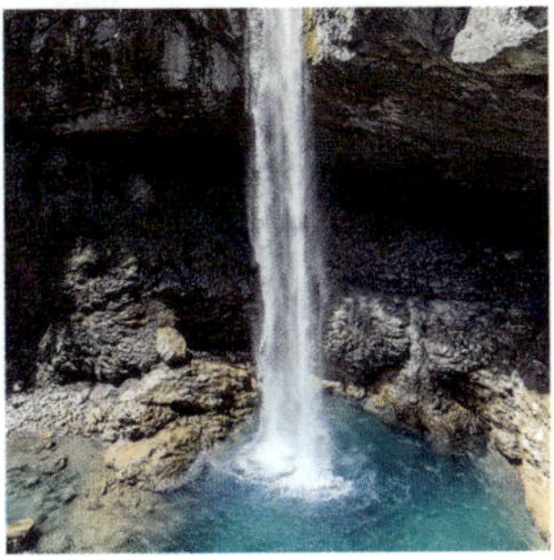

Zug: 1 h 30 min	Zeit
85 km	Distanz
0,8 kg	CO_2

Westkap

Südafrika

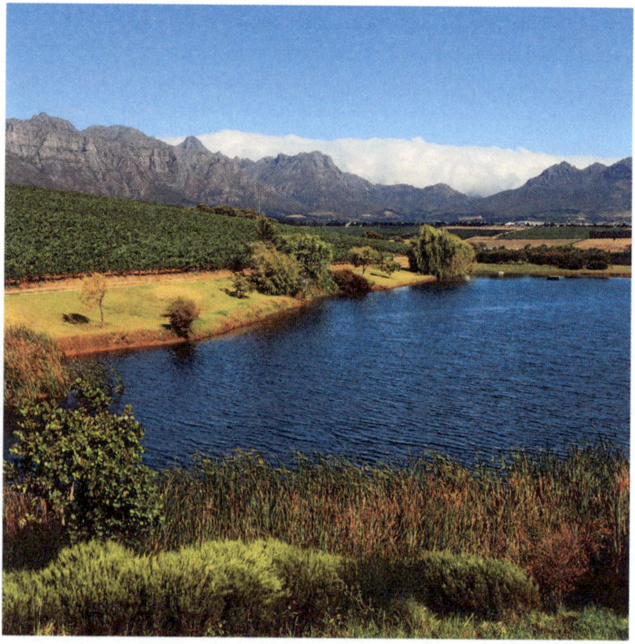

Lavaux

Kanton Waadt

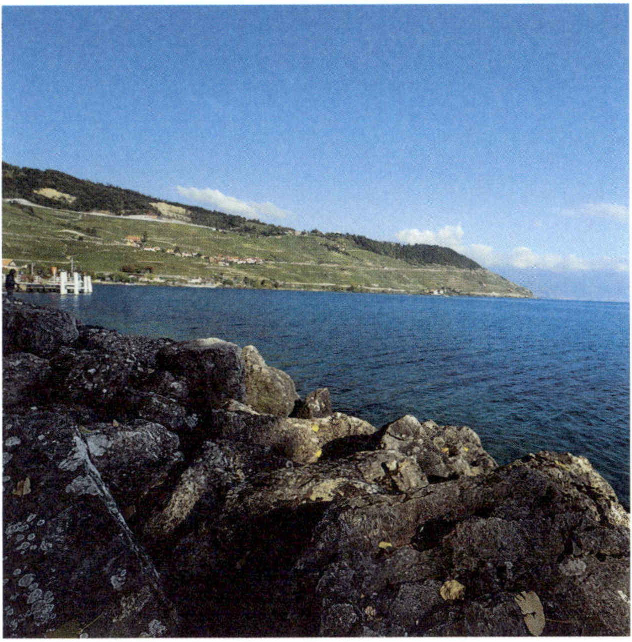

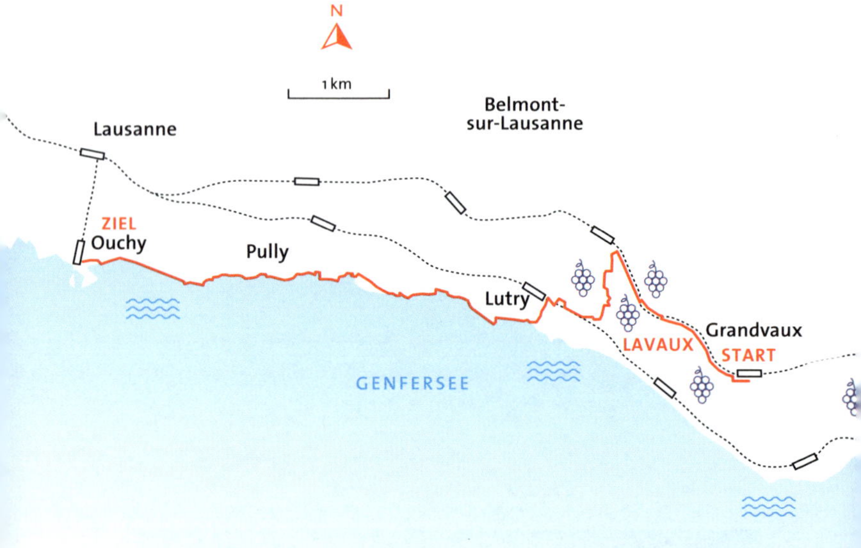

Charakter der Wanderung

- leichte Wanderung
- Wanderzeit 2 h 45 min
- Strecke 10,5 km
- 165 m hoch
- 355 m runter
- Trekkingschuhe

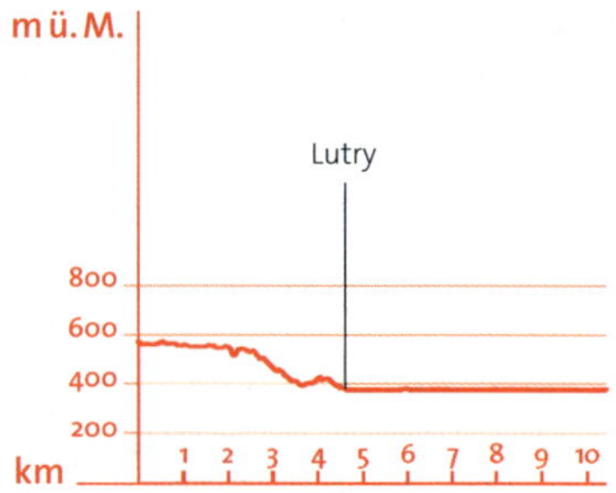

Im Masterstudium wären Maja und ich fast mal WG-Kolleginnen geworden. In meiner WG im Aargau wurde ein Zimmer frei, und Maja wollte einziehen. Dann aber bekam sie Bescheid, dass sie in Genf für ein Austauschsemester zugelassen worden war. So wurde zwar nichts aus unserer WG, dafür öffnete sich für Maja ein Tor zur Romandie, durch das auch ich häufig schlüpfte.

Maja fuhr in der Folge die Bahnstrecke am Genfersee oft ab, und irgendwann fragte sie mich, ob ich mal zu den vier Bäumen und dem Bänkli mitkommen würde.

»Du weißt schon, die vier Bäume auf der linken Seite, nachdem man durch den magischen Tunnel gefahren ist.«

Ich verstand sofort.

Wir versprachen uns, gemeinsam dorthin zu gehen. Und jetzt, Jahre später, lösen wir unser Versprechen endlich ein.

Es ist bereits September. Die Wettervorhersage hat viel Sonne angekündigt. Wir treffen uns kurz vor Mittag im Bahnhof Bern und nehmen den Zug Richtung Genfersee.

Im Abteil ziehe ich zwei Weingläser aus dem Rucksack.

»Jetzt schon?«, fragt Maja.

»Ich habe eine Flasche von unserem heutigen Reiseziel dabei.«

Ich ziehe den weit gereisten Wein aus meinem Rucksack.

Maja macht große Augen, als sie das Etikett liest: »Südafrika?«

Ich zeige ihr das Foto vom Weinberg in Stellenbosch auf meinem Handy.

»Krass, sieht wirklich fast genauso aus. Aber musstest du extra eine Flasche Wein aus Südafrika kaufen? Die ist ja jetzt auch um die halbe Erde gereist.«

Reisetipp: Je besser man plant, desto einfach kann man improvisieren. Mit diesem Grundsatz starten wir unsere Wanderungen. Du möchtest länger in den Weinbergen verweilen? Oder noch weiter dem Seeufer entlang bis zum berühmten Rolex-Gebäude der EPFL marschieren? Wenn du deine Route anpassen oder verändern möchtest, solltest du zuerst anhand der Karte überlegen, was das zeitlich bedeutet. Dazu kannst du die angepasste Route auf swisstopo einzeichnen und dir ausrechnen lassen, wie lange du dafür brauchst. So hast du die Zeit im Griff und bist flexibel, damit die Wanderung ein Genuss wird.

»Das ist ein Weihnachtsgeschenk vom letzten Jahr«, sage ich. »Aber stimmt, schon verrückt. Wein aus Südafrika, obwohl wir hier mit den Weinterrassen im Lavaux ein UNESCO-Welterbe gleich um die Ecke haben.«

Wenig später klatscht Maja in die Hände. Wir kommen dem magischen Tunnel näher.

Auch wenn wir die Strecke beide gut kennen, sind wir wieder überwältigt, als wir auf der anderen Seite rausfahren. Diese Weite, dazu die hellblaue Wasseroberfläche und der Schnee, der auf den französischen Bergen liegt … Herrlich!

In Grandvaux geht man zuerst auf die Seeseite der Gleise. Bei der Kreuzung mit der Route de Chenaux biegen wir nach links ab, um zu den vier Bäumen zu gelangen.

Niemand ist hier. Nur vereinzelt fahren Autos an uns vorbei. Ab und zu hört man einen Zug vorbeibrettern. Von unserer Raststätte aus bestaunen wir in Ruhe die Aussicht und picknicken gleichzeitig.

Nach dem Imbiss beginnt die eigentliche Wanderung. Der Weg führt durch Weinterrassen stetig abwärts. Die Route eignet sich prima, wenn man mit einer größeren Gruppe Menschen unterwegs ist. Die Wege sind breit, und man kann sich nebenbei gut unterhalten.

Obwohl die Wanderung technisch nicht sehr herausfordernd ist, sollte man bei der Ausrüstung aufpassen: Gut gefederte Schuhe sind von Vorteil; Wanderschuhe mit harten Sohlen eignen sich hier nicht. Und da Weinterrassen keine besonders guten Schattenspender sind, sollte man auch im Frühling und Herbst immer daran denken, einen Sonnenhut einzupacken.

Die Berge behält man im Blick, während der See immer näher kommt.

In Lutry führt uns der Weg dann endlich direkt ans Wasser.

Auf einer kleinen Wiese machen wir Pause und entschließen uns spontan, den ganzen Weg bis nach Lausanne zu laufen, anstatt den Bus zu nehmen.

Die Entscheidung lohnt sich. Der fünf Kilometer lange Weg bis Lausanne entfernt sich nicht vom Seeufer, und da es bereits später Nachmittag ist, laufen wir in die langsam untergehende Sonne – was für ein schönes Gefühl.

Die Schatten der Spaziergänger:innen ziehen sich lang. Wir lassen uns von der guten Stimmung der Menschen um uns herum mittragen. *La vie est belle!*

Wanderkleider ausgesucht?

WEIN, BERGE, SEE – LA VIE EST BELLE.

Westkap Südafrika

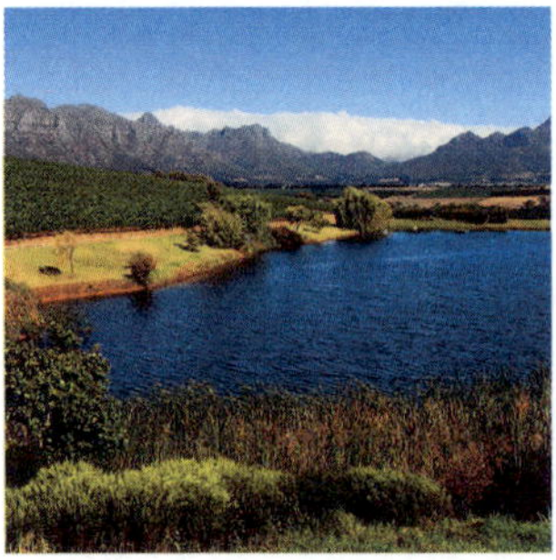

Zeit **Flug: 11 h 20 min**

Distanz **9100 km**

CO_2 **2560 kg**

13

2557,8 Kilogramm CO_2 konntest du mit dem näheren Reiseziel einsparen. Das entspricht der Produktion von gut 30 Gummibooten.

Lavaux Kanton Waadt

Zug: 2 h 13 min	Zeit
221 km	Distanz
2,2 kg	CO_2

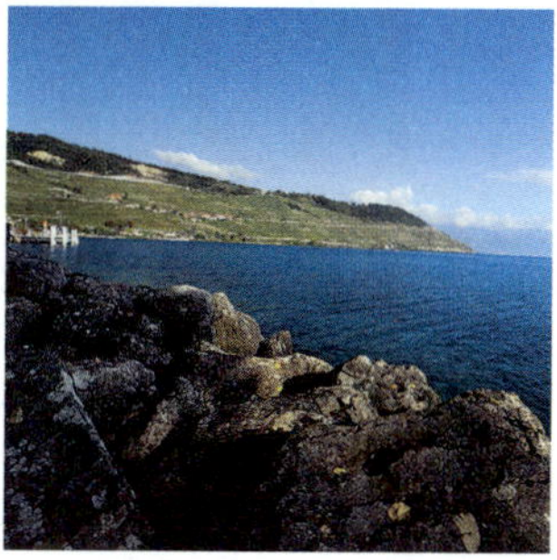

Riwne

Ukraine

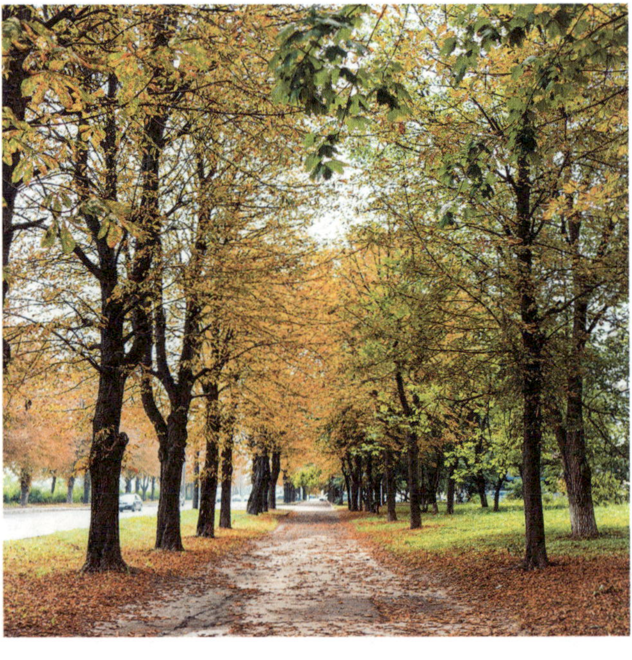

Schlossallee

Kanton Solothurn

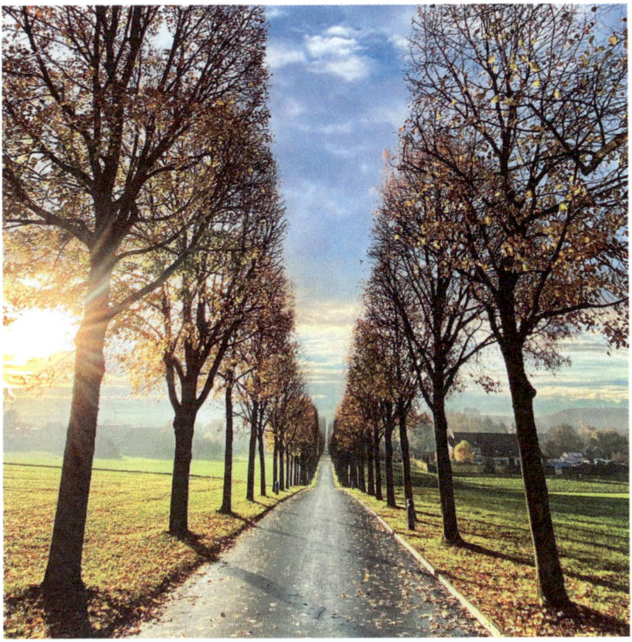

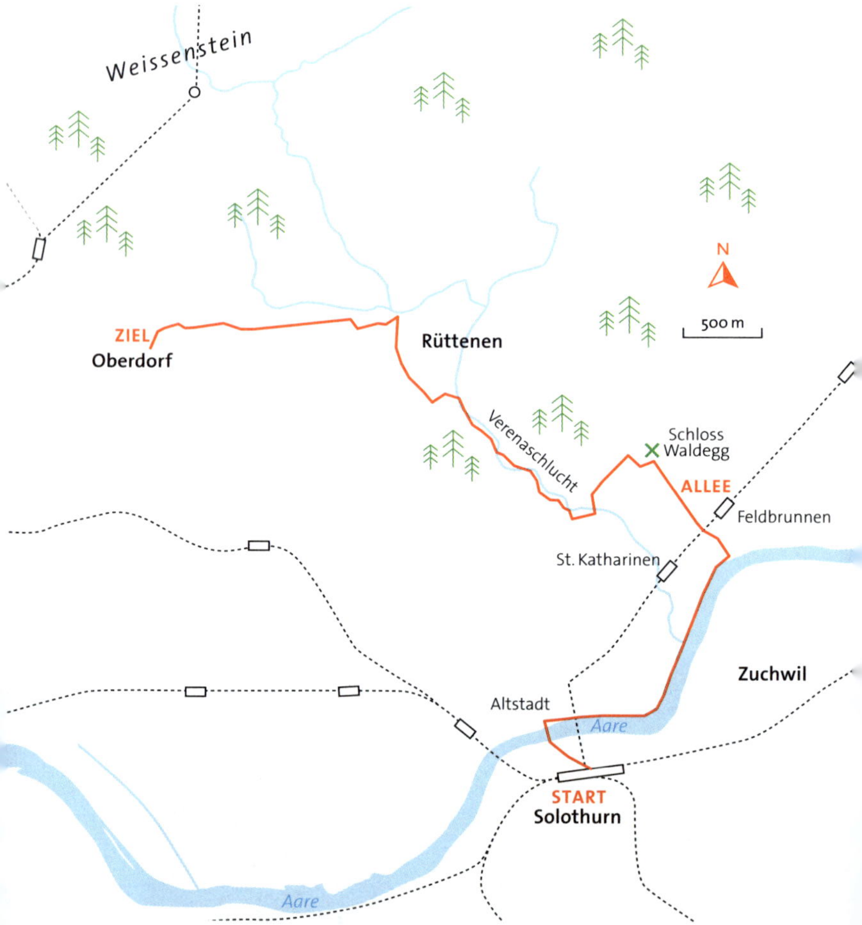

Charakter der Wanderung

- leichte Wanderung
- Wanderzeit 2 h
- Strecke 8,1 km
- 200 m hoch
- 75 m runter
- Trekkingschuhe

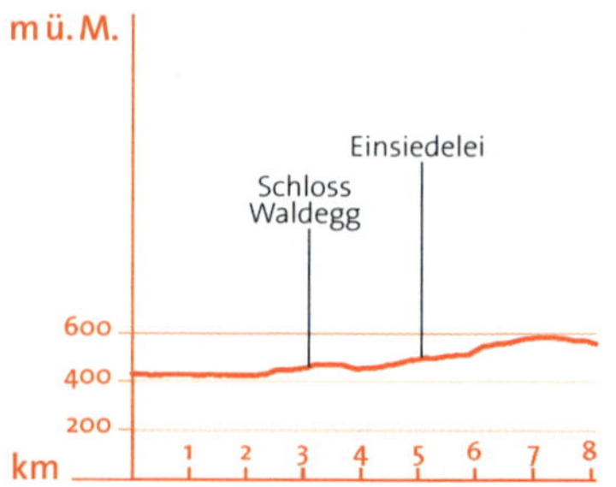

Plötzlich kommt alles zusammen: Unsere Terminkalender sind voll, unsere Köpfe müde, der Sommer hat sich bereits verabschiedet. Eigentlich würde uns gerade jetzt eine kleine Auszeit guttun, aber uns fehlt die Energie, uns aufzuraffen.

Zum Glück sind wir nicht alleine auf dieser Welt. Zwei Freundinnen, die in der Nähe wohnen und die selbst gerne wandern gehen, erzählen uns von einer Wanderung rund um Solothurn, die durch eine wunderschöne Allee führt. Und solche Alleen fände man auch in ihrer Heimat in der Ukraine.

Maja und ich sind sofort Feuer und Flamme, weil das genau etwas war, was wir brauchten. Die beiden versichern uns, dass man die Wanderung locker auch an einem Wochentag direkt nach der Arbeit machen könne. In Sonnenuntergangsstimmung sei die Wanderung sogar noch schöner.

Wir treffen uns an einem Dienstagabend nach der Arbeit um halb fünf am Nachmittag beim Bahnhof Solothurn und schalten als Erstes die Handys in den Flugmodus.

Jetzt kann's losgehen. Es ist bestes Wanderwetter, nicht zu heiß, nicht zu kalt, ein paar Dekowolken am Himmel.

Vom Bahnhof Solothurn überqueren wir die Aare auf der breiten Brücke direkt vis-à-vis und wenden uns dort nach rechts.

Maja, die die Route mit den Tipps unserer ukrainischen Freundinnen geplant hat, erklärt mir, was uns erwartet.

»Zuerst laufen wir der Aare entlang, bis der Weg später nach links abzweigt und uns direkt zur Allee führt. Diese

Reisetipp: Reisen hat viel mit Wertschätzung zu tun. Man ist aufmerksamer, nimmt sich Zeit, lässt sich auf Ungeplantes und Neues eher ein. Zu Hause erzählt man von seinen Erlebnissen, erstellt vielleicht sogar ein Fotoalbum. Diese Wertschätzung sollte nicht kleiner sein, nur weil der Anreiseweg kürzer ist. Diese Closeby-Reisen bieten immer etwas Neues, und es macht etwas mit einem, durch eine Einsiedelei zu laufen oder die zwei Gebirgszüge der Schweiz gleichzeitig im Blick zu haben. Du kannst die Postkarten in diesem Buch benutzen, um sie an einen Menschen zu schicken, dem du davon berichten möchtest.

endet beim Schloss Waldegg, das eigentlich hauptsächlich aus einer riesigen Fassade besteht – ohne viel dahinter. Danach gehen wir weiter zur Verenaschlucht mit ihrer berühmten Einsiedelei. Und von dort geht's weiter nach Oberdorf über ein breites Feld, von dem aus wir sowohl die Alpen als auch den Jura sehen können. In Oberdorf fahren wir entweder mit dem Bus zurück in die Stadt oder gehen zu Fuß.«

»Haben wir nicht um halb acht einen Tisch in der Altstadt reserviert?«

»Das geht zeitlich alles auf, hier reihen sich die Sehenswürdigkeiten praktisch aneinander.«

Die Aare glitzert im Licht. Viele Menschen gleiten auf SUPs übers Wasser. Immer mal klingt Musik aus Boxen zu uns herüber.

Nach einer halben Stunde verlassen wir den Fluss und folgen dem Wegweiser zum Schloss Waldegg.

Der Bau entstand im 17. Jahrhundert, wechselte mehrmals die Besitzer:innen und gehört nun dem Kanton Solothurn. Die Bäume der Schlossallee wurden 1991 ersetzt und reihen sich auf einer Länge von 600 Metern aneinander.

Mit jedem Schritt tauchen wir mehr in diese schnurgerade Baumwelt ein.

»Denkst du, die Bäume in Riwne stehen noch?«, fragt Maja.

»Ich weiß es nicht. Ich weiß nur, dass wir nicht vergessen dürfen, an sie zu denken. An die Menschen, die Bäume, die Tiere in diesem Krieg.«

Wir laufen langsam weiter zwischen Stämmen und Ästen und Blättern und schießen ein Dankesfoto für unsere Freundinnen.

Weiter oben taucht zwischen dem Grün das Eingangsportal des Schlosses auf. Wir drehen uns ein letztes Mal zur Allee um. Von hier aus könnte man meinen, die Allee habe kein Ende. Es ist windstill und komplett ruhig. Nichts Lauerndes verbirgt sich in dieser Ruhe. Das ist wohl das, was man Frieden nennt.

Wir umrunden das Schloss und folgen dem Megalithenweg zur Verenaschlucht.

Hier spazieren wir dem plätschernden Verenabach entlang, während die Felsen links und rechts langsam höher werden.

Plötzlich weitet sich die Schlucht, und Gebäude tauchen auf, die sich an – und teilweise in! – die steilen Felshänge schmiegen. Wir sind in der Einsiedelei.

Nachdem wir uns Zeit für diesen besinnlichen Ort genommen haben, folgen wir dem Wanderweg nach Oberdorf. Hier beindrucken links Eiger, Mönch und Jungfrau und rechts die Jurakette.

In Oberdorf gelangen wir zur Bushaltestelle Oberdorf SO Dorfplatz. Von hier hat man mehrere Möglichkeiten, um in die Altstadt zu gelangen: entweder direkt mit dem Bus bis Solothurn Amthausplatz oder zu Fuß, was ungefähr 45 Minuten dauert.

Wer ein weiteres Highlight sehen möchte, kann bis zum Bahnhof Oberdorf gehen und dort mit der Seilbahn auf den Weissenstein fahren – oder ihn zu Fuß erwandern.

Tauch ein in eine neue Welt!

EINE STRASSE, VIELE BÄUME UND NOCH VIEL, VIEL MEHR ZUM FEIERABEND

Riwne Ukraine

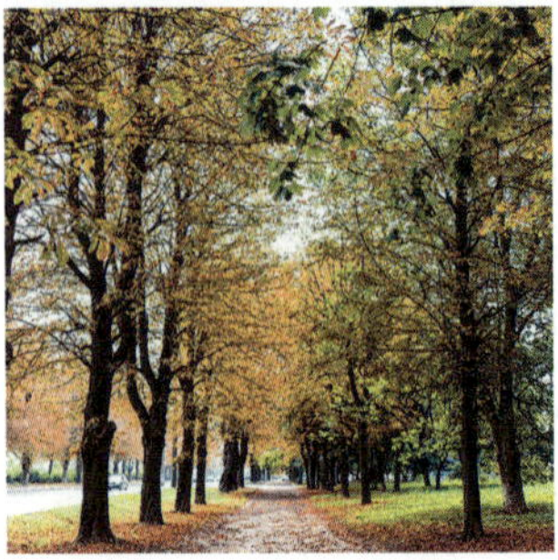

Zeit **Auto: 20 h**

Distanz **1766 km**

CO_2 **539 kg**

14

Reisen ist ein Privileg, mit dem man sorgfältig umgehen sollte. Indem du in der Schweiz geblieben bist, hast du die wunderschöne Allee entdeckt und dabei 534,5 Kilogramm CO_2 eingespart. Damit könntest du eine 45-Quadratmeter-Wohnung über ein halbes Jahr lang heizen.

Schlossallee Kanton Solothurn

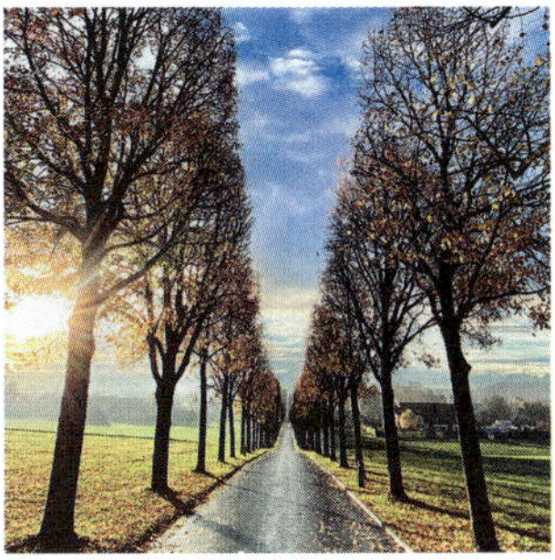

Zug: 0 h 52 min Zeit

80 km Distanz

4,5 kg CO_2

Mount Fuji

Japan

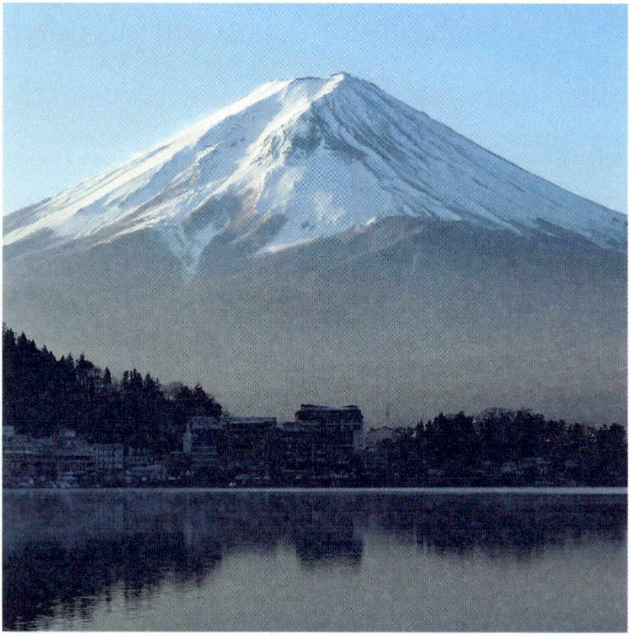

Niesen

Kanton Bern

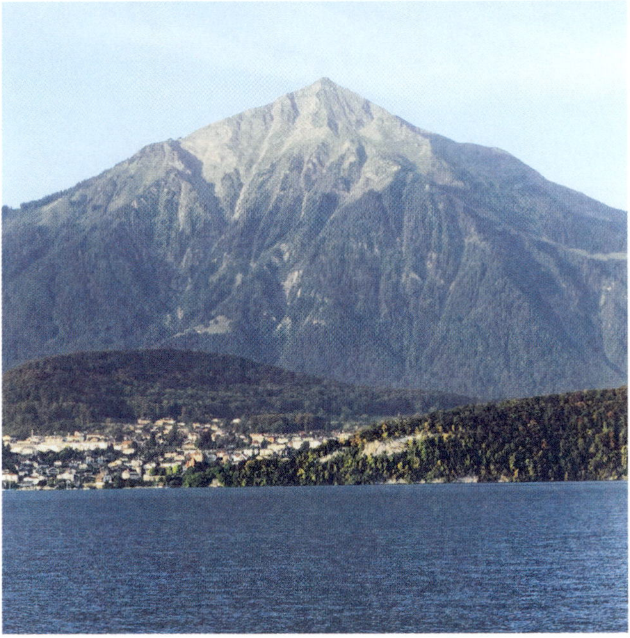

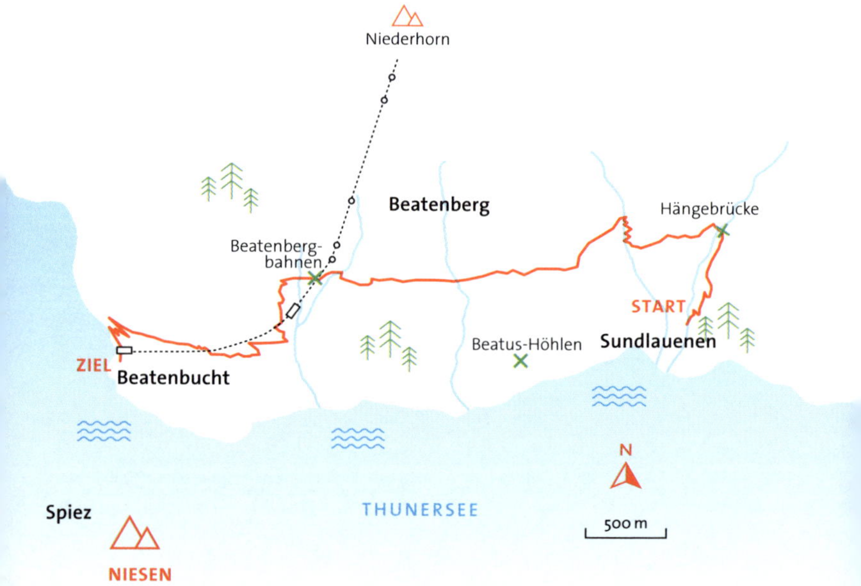

Charakter der Wanderung

mittlere Wanderung

Wanderzeit 3 h

Strecke 7,3 km

590 m hoch

630 m runter

Trekkingschuhe

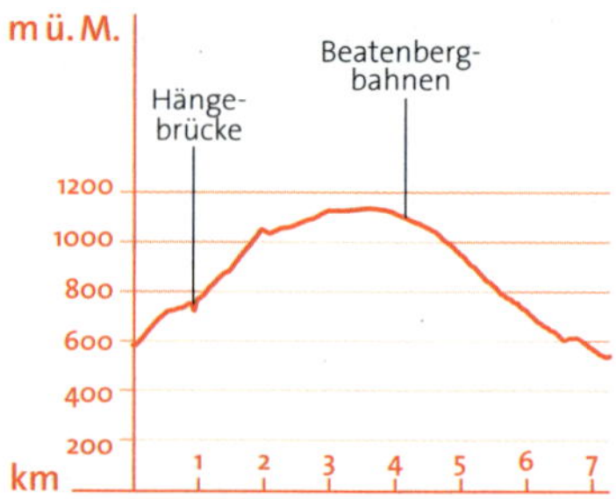

Dieses Mal haben wir Freund:innen eingeladen. Es ist bereits Oktober, und dies wird vorerst unsere letzte Wanderung sein. Wir sind elf Personen. Sie alle sind mehr oder weniger unseren Wandertrips in diesem Jahr gefolgt und wurden mit Reiseanekdoten oder Fotos versorgt. Und sie alle haben durch unsere Erzählungen Wanderlust bekommen.

Wir treffen uns in Thun. Als wir nach einer Busfahrt dem See entlang in Sundlauenen aussteigen, dauert es einen Moment, bis wir uns organisiert haben.

Einige ziehen Jacken an, andere verstauen sie wieder in ihrem Rucksack, die meisten schießen Fotos vom Niesen, der über dem Thunersee thront – zur Feier des Tages hat er sogar eine weiße Schneekappe. Fast schon kitschig.

»Wird's streng?«, fragt jemand.

»Kommen wir bald an einem Brunnen vorbei?«, fragt jemand anderes.

Maja und ich mutieren zu Wanderleiterinnen, verkünden, dass wir nicht auf den Niesen wandern, ihn aber immer schön im Blick haben werden, dass wir den ersten Halt nach der Hängebrücke machen, beruhigen sogleich die Höhenängstlichen, obwohl wir selbst gar nicht genau wissen, wie hoch die Brücke ist.

Dann laufen wir los. Gespräche kommen in Gang.

Von der Haltestelle Sundlauenen Dorf aus folgen wir der Dorfstraße, auf der wir ein erstes Mal den Sundbach überqueren und gleich danach den Anstieg beginnen.

Nach dem gut machbaren Anstieg erreichen wir die Hängebrücke. Und stellen fest: Das Ding hat Treppen!

Reisetipp: Wandern mit Freund:innen? Da findet man ja nie ein Datum! Weil es tatsächlich schwer ist, mit mehreren Termine zu finden, haben wir uns entschieden, den Spieß umzudrehen: Maja und ich legen zu zweit ein Wanderdatum fest und geben unseren Freund:innen einen Monat zuvor Bescheid. Die Zu- und Absagen halten sich die Waage, und so gehen wir inzwischen meist mit einer bunt zusammengesetzten und gut gelaunten Gruppe auf Wanderschaft.

Aber immerhin ist die Fallhöhe für alle im Bereich des Möglichen, und die Treppen eignen sich sogar ausgesprochen gut für Gruppenfotos.

Einen Nachteil hat die Brücke jedoch respektive das sonnige Pausenplätzchen direkt daneben: Je nach Windlage drückt sich eine interessante Duftnote aus dem Abwasserschacht. Die Kanalisation ist wohl nicht weit entfernt.

»Und was genau war euer Wanderhighlight dieses Jahr?«, werden wir gefragt, während Käsestückchen, Chips und Guetzli herumgereicht werden.

»Creux du Van«, antworte ich und drehe mich grinsend zu Maja um. »Bei dir sicher die Lavendelwanderung bei ausgesprochen gutem Wetter!«

»Seealpsee«, sagt sie, »da waren sowohl Wanderung, als auch Fotospot am eindrücklichsten.«

Wir wandern weiter über gut passierbare Wege, die ohne große Anstrengung zur Bergstation der Beatenbergbahn führen.

Hier kann man übrigens bis ganz nach oben aufs Niederhorn fahren und von dort mit dem Trottinett runterdüsen. Wir entscheiden uns dagegen und treten stattdessen den Abstieg an.

Der Herbstwald leuchtet golden. Unsere Schritte rascheln im Laub. Dazu kommt die Sonne, die den See zum Glitzern bringt, sodass wir uns einig sind, mehr Postkartenfeeling geht nicht. Irgendwann streckt Maja die Arme aus und ruft: »Seht ihr, darum haben wir das gemacht!«

Sie zeigt auf nichts Konkretes, aber alle verstehen, was sie meint.

Die Wanderungen haben uns an Orte geführt, die uns mit immer neuen Eindrücken überrascht haben. Wir waren tatsächlich dabei, als sich der Frühling beim Étang de la Gruère aus dem Winter schälte, als der Sommer in Lugano richtig aufdrehte, und jetzt sind wir hier mitten im Herbstwald. Die Natur zieht nochmals alle Register, damit wir nicht vergessen, dass der nächste Frühling kommen wird und mit ihm neue Abenteuer.

Wenn wir etwas gelernt haben, dann, dass man immer wieder auf neue Ideen kommt und wir noch längst nicht aus-gewandert sind!

Unten beim Seeufer, gönnen wir uns noch einen Kaffee, bevor wir mit dem Schiff nach Spiez übersetzen. Maja und ich lassen uns vor dem Berner Mount Fuji fotografieren und freuen uns, dass wir auch andere mit unserem ganz eigenen Weltreisefieber angesteckt haben.

Freunde zum Mitwandern eingeladen?

NIESEN GENIESSEN UND UMWELT SCHONEN

Mount Fuji Japan

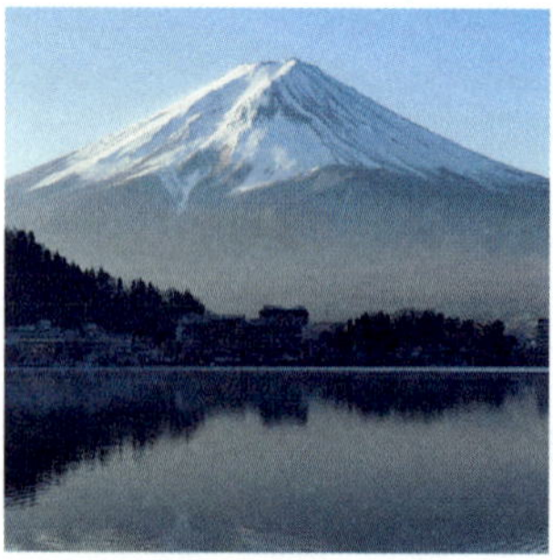

Zeit **Flug: 15 h +**

Distanz **9564 km**

CO_2 **2690 kg**

15

2688,8 Kilogramm CO_2-Ausstoß konntest du verhindern, weil du den Fuji in der Nähe gesucht hast. Das entspricht der Produktion von 23 654 Tassen Kaffee.

Niesen Kanton Bern

Zug: 2 h 08 min Zeit

124 km Distanz

1,2 kg CO_2

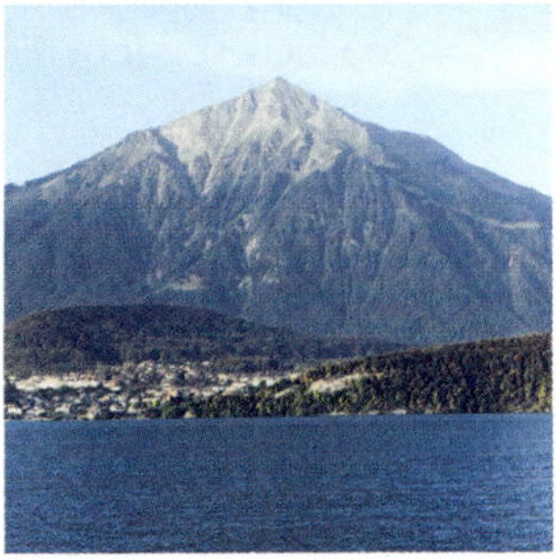

Wie alles begann

2019 haben wir von closeby am Zürcher Climathon teilgenommen. Mit unserer Idee, Bilder aus der Schweiz zu finden, die einem touristischen Hotspot im Ausland zum Verwechseln ähnlich sehen, haben wir es unter die ersten Ränge geschafft. Anfang 2020 ermöglichte uns diese Platzierung eine Teilnahme am World-Finale in Paris, wo die zehn besten Projekte der weltweit stattfindenden Climathons präsentiert wurden. Und siehe da, wir haben den zweiten Platz belegt und uns entschieden, die Closeby-Website zwischen zwei Buchdeckel zu packen. Die erste Auflage im Eigenverlag war innerhalb kürzester Zeit ausverkauft!

Closeby möchte ein Zeichen gegen immer rasantere Reisepläne setzen. Beim Thema Reisen verstärkt sich insbesondere in den sozialen Medien die Auffassung: Je weiter weg, desto aufregender. Aber nicht die Anzahl zurückgelegter Kilometer entscheidet über die Erinnerungen, die du dabei schaffst – nein, du selbst bist deines (Reise-)Glückes Schmied:in.

Wenn es also nicht die geleisteten Flugstunden sind, die ausschlaggebend für unvergessliche Ferien sind – wieso lassen wir uns dann nicht vom Naheliegenden inspirieren?

Wir plädieren dafür, nicht die Welt zum Dorf zu machen, sondern die Welt im Dorf zu entdecken.

Unser Team

Maja Haus – Konzept und Wanderin
Karin Rey – Texterin und Wanderin
Lukas Schönbächler – Website und Kampagne

Beim Climathon 2019 waren außerdem dabei:
Adrian Aulbach, Sandro Tanner und Norina Braun

Creative Direction & Design: Kathrin Nutter – kathrinnutter.ch

Unser Fototeam: Camera Club Brown Boveri Baden

Um möglichst spektakuläre Bilder von unseren Closeby-Orten zu erhalten, haben wir mit dem Camera Club Brown Boveri Baden zusammengearbeitet.

Im Jahre 1952 wurde der Club von begeisterten Fotoamateuren in Baden gegründet, ursprünglich als Freizeitklub der damaligen Firma BBC, Brown Boveri & Cie, später für alle Interessierten zugänglich. Gut dreißig Mitglieder gehören heute dem Fotoclub an. Sie pflegen mit viel Freude alle Aspekte der Fotografie. In Abständen finden Vorträge mit Demonstrationen aus der Praxis statt, von Fachleuten oder Mitgliedern, sowie Ausflüge und Workshops.

Das Jahresprogramm und weitere Informationen des Clubs findest du auf www.brownboveri.ch

Fotograf:innen
Rita Stricker Vogel: Étang de la Gruère
Rolf Hunziker: Wiedlisbach, Berglistüber, Seealpsee
Robert Trachsler: Bhutanbrücke
Giusi Capozzolo: Niesen, San Salvatore (aufgenommen vom Monte Brè aus), Lavaux
Martin Schmid: Creux du Van
Sandra Bachmann: Provence
Stefan Petter: Suone
Tourismus Solothurn: Schlossallee
Restliche Bilder: Shutterstock

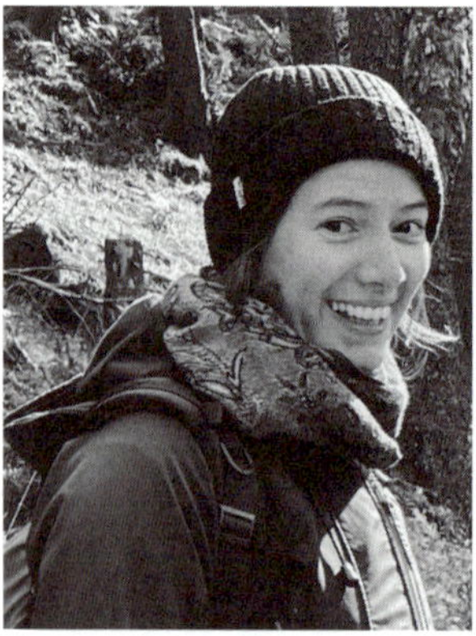

Karin Rey, geboren 1990, hat nach ihrem Abschluss in Literarischem Schreiben am Literaturinstitut in Biel/Bienne zusammen mit Maja getestet, wie viele Closeby-Routen man innerhalb einer Woche abwandern kann. Wer von beiden dabei die Schuhe im Zug verloren hat, soll nicht verraten werden. Karin Rey lebt in Windisch.

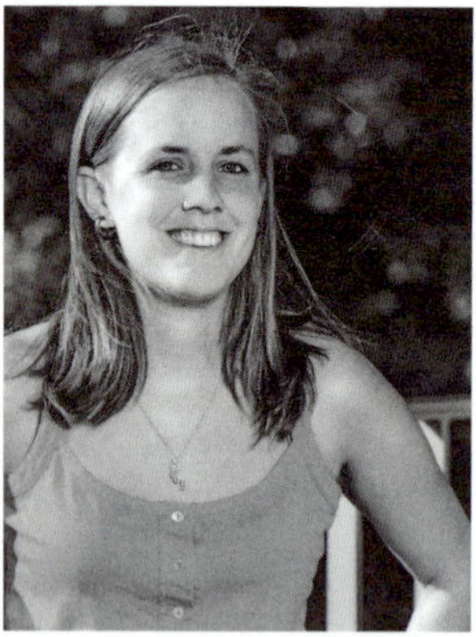

Maja Haus, geboren 1991, ist Politikwissenschafterin und angehende Lehrerin. Sie liebt die Freiheiten des Sommers, die Gesellschaft von Klimaaktivist:innen und grüne Oasen in der Stadt. Maja wird in geschlossenen Räumen schnell zappelig und verbringt ihre Zeit am liebsten draußen – sei es mit Wanderschuhen, Freund:innen oder einem Buch. Maja Haus wohnt in Bern.

Bei unseren nachhaltigen Reisen genießen wir die Landschaft, entdecken Neues, erleben Abenteuer und kommen mit einem Rucksack voller unvergesslicher Erinnerungen wieder nach Hause.

Teile deine Erlebnisse mit anderen! Schicke deiner Großmutter, dem Nachbarn, der Chefin, deinem Lieblingsmenschen eine handgeschriebene Karte!

Egal ob du sie ganz oben auf dem San Salvatore, mitten auf der Bhutanbrücke oder auf dem Rückweg im Zug schreibst, wir sind sicher, dass die Karte Freude auslöst.

Werde zu einem Leuchtturm für Nachhaltigkeit, und inspiriere deine Freund:innen dazu, bewusstes Reisen neu zu definieren!

Zeig uns deine Wanderfotos auf Instagram

#closeby.ch
oder
@closeby.ch

und lass dich zu weiteren Wanderungen inspirieren!

Die CO_2-Vergleichszahlen sind Richtwerte, die wir nach ausführlichen Recherchen und mit bestem Wissen und Gewissen zusammengestellt haben. Die angegebenen Preise beziehen sich auf November 2022. Für die Anfahrtszeiten haben wir Zürich als Ausgangsort genommen – das tat uns als Aargauer:innen weh, hat aber bevölkerungstechnisch mehr Sinn. Die Quellenangaben zu den CO_2-Vergleichen auf den Postkarten findest du unter www.closeby.ch/vergleiche.

Wir haben darauf verzichtet, den CO_2-Ausstoß, den die Produktion dieses Buches verursacht hat, mit einem Zertifikat zu kompensieren. Wir unterstützen den Schutz des Creux du Van, indem wir Pro Natura ein Prozent der Einnahmen aus dem Verkaufserlös spenden.

Wir danken den Gemeinden Windisch und Wiedlisbach für die Unterstützung.

Der Rotpunktverlag wird vom Bundesamt für Kultur mit einem Strukturbeitrag für die Jahre 2021 bis 2024 unterstützt.

www.rotpunktverlag.ch
www.wanderweb.ch

www.closeby.ch

Korrektorat: Sylvia von Piechowski

Herstellung: Rotpunktverlag nach dem Designkonzept von Kathrin Nutter

Bildbearbeitung: typopoint GbR, Ostfildern

Druck und Bindung: Graspo, Zlin

ISBN 978-3-03973-013-1
2. Auflage 2024